PROGRAMMIER-
LEITFADEN

# MICROSOFT EXCEL

DIETER PETERS
GERTRUD VOGEL

**Microsoft Word Version 5.0**
von Peter Rinearson
(Ein Microsoft Press/Vieweg-Buch)


**dBASE IV**
(Ein Microsoft Press/Vieweg-Buch)


**Auto CAD**
von Ekbert Hering und Ute Fallscheer


**MS-DOS Erweiterungen**
von Ray Duncan
(Ein Microsoft Press/Vieweg-Buch)


**PageMaker**
von Michael Müller


**SQL**
von John Viescas
(Ein Microsoft Press/Vieweg-Buch)

Dieter Peters und Gertrud Vogel

# PROGRAMMIERLEITFADEN

# Microsoft EXCEL

## Version 2.10

Der Verlag Vieweg ist ein Unternehmen der Verlagsgruppe Bertelsmann
International.

W. Langelüddecke, Braunschweig
ISBN-13: 978-3-528-04754-2          e-ISBN-13: 978-3-322-86162-7
DOI: 10.1007/978-3-322-86162-7

# Inhaltsverzeichnis

# 1 Einführung - Zur Benutzung des Programmierleitfadens

Diese Befehls- und Funktionsübersicht für MICROSOFT-EXCEL soll dem Benutzer als Orientierungshilfe und Nachschlagewerk dienen. Er kann sich schnell und gezielt mit dem Gebrauch von Befehlen und Funktionen vertraut machen und alle ihre Argumente korrekt verwenden.

Kapitel zwei und drei geben in alphabetischer Reihenfolge Erklärungen zu allen MS-EXCEL Befehlen und Funktionen, die für die Arbeit an der Oberfläche bis hin zur Makroprogrammierung notwendiges Handwerkszeug sind.
Die Kurzübersichten bieten darüber hinaus eine schnelle Orientierung in thematisch zusammengehörigen Gruppen. Für weitergehende Informationen kann man in die alphabetischen Verzeichnisse wechseln.

### Das Befehlsverzeichnis

Im Befehlsverzeichnis werden alle Menüleistenbefehle und Makrofunktionen erläutert. Dazu haben wir die folgende Beschreibungsform gewählt:

Menüname **Befehlsname**...KURZSCHLÜSSEL
[TAB;MAKRO]

**FUNKTION?(Argument1;*Argument2*;...;Text)**
erklärt in kurzen Worten, was die angegebene Funktion leistet.

*Argument1* erklärt die Verwendung des Argumentes, welche Werte es annehmen kann und welche Wirkung es erzielt.

*Argument2* ist in der Funktionsklammer kursiv gedruckt, wenn es nicht angegeben werden muß, sondern optional ist.

Anm.: Die erste Zeile enthält immer den Menüleistenbefehl, falls es zu der entsprechenden Makrofunktion einen Befehl gibt. Dabei ist das erste Wort die Menübezeichnung, die folgenden die Befehlsbezeichnung. Alle Befehle können auch über die Tastatur angewählt werden. Dazu dient die Kombination ALT-Taste mit den unterstrichenen Buchstaben, wie z.B.: ALT+M B. Die Kombination _Sytemmenü bedeutet, daß die ALT-Taste in Verbindung mit einem Leerzeichen betätigt werden soll.

Gibt es auch einen Kurzschlüssel über Funktionstasten, steht dieser ebenfalls in der Befehlszeile.

Spezielle Anwendungsbereiche für Funktionen und Befehle wie TABelle, MAKROvorlage oder DIAgramm stehen zusätzlich in eckigen Klammern.

Funktionen, die aus Gründen der Kompatibilität mit dem Apple MacIntosh aufgenommen wurden, sind mit [MacIntosh] gekennzeichnet.

**Achtung!** Jede Funktionszeile hat im Quellcode am Anfang ein Gleichheitszeichen (=) stehen. Wir sparen uns diese Darstellung in den Funktionsbeschreibungen.

Ist ein Fragezeichen nach dem Funktionsnamen angegeben, wird durch die Funktion ein Dialogfeld aufgerufen. Dies deuten auch die drei Punkte nach dem Befehlsnamen an. Dieses Fragezeichen muß nicht, sondern kann verwendet werden.

Wenn ein Argument in der Beschreibung ein Textformat verlangt, heißt dies immer, daß das Argument mit Hochkommata eingegeben werden muß. Das letzte Argument Text muß angegeben werden als: "Dies ist ein Text". Das Fehlen von Hochkommata ist ein häufiger Fehler bei der Eingabe von Argumenten.

Falls MS-EXCEL ein Dialogfeld bereitstellt, um die Funktionen auszuführen, wird es zumeist zusätzlich dargestellt, da dann die Zuordnung zu den entsprechenden Argumenten der Funktion leichter fällt.


## Das Verzeichnis der Tabellenfunktionen

Alle Tabellenfunktionen können auch in Makrovorlagen benutzt werden, aber nicht umgekehrt! Es gibt zu Tabellenfunktionen keinen entsprechenden Menüleistenbefehl. Daher fehlt in der Erläuterung auch die Befehlszeile. Ansonsten werden die Tabellenfunktionen wie oben erklärt dargestellt.


## Die Makroprogrammierung

Der Kern der MS-EXCEL Makroprogrammierung führt meist über die Erstellung von anwenderspezifischen Menüs und Dialogfeldern. Dem ist durch das Angebot des Dialogfeld-Editors EXCELDE ab der Version MS-Excel 2.10 Rechnung getragen worden. Diese Themen, einschließlich Hilfestellungen für den Anwender, werden in Kapitel 4 anhand von Beispielen erklärt.

Die Aufstellung der standardmäßigen Funktionstastenbelegung und die Nutzung von Tastatur-Codes runden die Übersicht zur MS-EXCEL Makroprogrammierung ab.

# 2 BefehlsverzeichnisMenü-Befehle und Makrofunktionen

**A1.Z1S1(Z1S1)**

steuert die Anzeige des Formates der Spaltenköpfe wie sie mit dem Befehl Optionen Arbeitsbereich und der Wahl des Feldes "Z1S1" eingestellt wird. Ist das Argument Z1S1 WAHR, werden die Spaltenköpfe mit Zahlen von 1 bis 255 angezeigt. Bei FALSCH wird im A1-Format von A bis IV angezeigt.

**ABBRECHEN( )**                                                      ESC

beendet eine SOLANGE-WEITER oder eine FÜR-WEITER-Schleife.

Es geht mit der nächsten Anweisung nach der Schleife weiter.

**ABBRECHEN.KOPIEREN( )**                                             ESC

entspricht dem Löschen des Laufrahmens mit der ESC-Taste nach dem Kopieren oder Ausschneiden.

**ABBRECHEN.TASTE(Aktivieren;*Makrobezug*)**

deaktiviert eine Makrounterbrechung oder gibt einen Makro an, der bei der Unterbrechung auszuführen ist.

*Aktivieren* = FALSCH, wenn Makro nicht durch ESC-Taste unterbrochen werden kann.

*Aktivieren* = WAHR; ohne Makrobezug: ESC-Taste wird aktiviert.

*Aktivieren* = WAHR; und Makrobezug: Makro wird bei ESC-Taste ausgeführt.

*Makrobezug* ist ein externer Bezug auf einen Makro in einer geladenen Makrovorlage.

Anm.: Nach Ausführung des Makros wird die ESC-Taste wieder normal aktiviert.

**ABFRAGEN(Kanalnummer;Objekt)**

fragt über DDA (Dynamischer Daten-Austausch) Daten aus einer anderen MS-WINDOWS Applikation ab.

*Kanalnummer* ist eine Zahl und wird durch die Funktion KA-NAL.ÖFFNEN() erzeugt. Das Argument Objekt liefert Informationen, die als Matrix über den Kanal gesendet werden.

Anm.: Wird nur von MS-WINDOWS Vollversion unterstützt.


**Makro Absolute Aufzeichnung**
zeichnet einen Makro mit dem Makrorecorder in der Schreibweise mit absoluten Bezügen auf. Der Aufzeichnungsmodus kann jederzeit geändert werden.


**ABSPOS(Bezug_Text;Bezug)**
*Bezug_Text* wird relativ zur linken oberen Ecke von *Bezug* betrachtet und liefert als Ergebnis den Bezug dieser Felder zur ganzen Tabelle. *Bezug_Text* ist ein relativer Bezug als Textform in der Z1S1-Schreibweise.


Diagramm **Achsen...**

**ACHSEN?** *(Haupt_Rubrik;Haupt_Größe;Überlagerung_Rubrik;*
*Überlagerung_Größe)*
wählt genau bestimmte Diagrammachsen aus und zeigt sie an. Bei Argument = WAHR wird das zugehörige Feld ausgewählt, bei FALSCH wird die Wahl rückgängig gemacht.

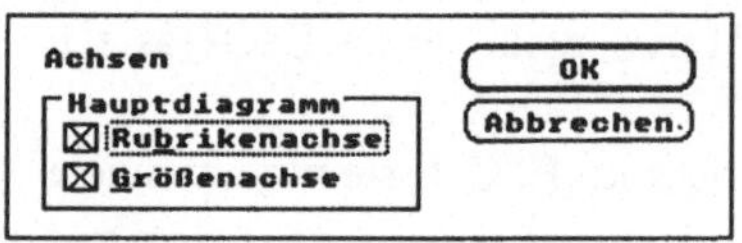


*Haupt_Rubrik* = WAHR, wenn Hauptdiagramm: Rubrikenachse gewählt ist

*Haupt_Größe* = WAHR, wenn Hauptdiagramm: Größenachse gewählt ist.

*Überlagerung_Rubrik* = WAHR, wenn Überlagerndes Diagramm: Rubrikenachse gewählt ist.

*Überlagerung_Größe* = WAHR, wenn Überlagerndes Diagramm: Größenachsegewählt ist.


**AKTIVES.FELD( )**
liefert äls Ergebnis den externen Bezug des aktiven Feldes.

Anm.: Um den Bezug weiter verarbeiten zu können, muß er oft mit der Funktion POSTEXT() in Textform umgewandelt werden.


**AKTIVES.FELD.ZEIGEN( )**                    STRG+Rücktaste
führt einen Bildlauf im aktiven Fenster durch, bis das aktive Feld zu sehen ist.

Fenster **Dateiname**

**AKTIVIEREN(Fenster_Text;Unterfenster_Nummer)**
zeigt ein Fenster auf der Bildschirmoberfläche an.Fenster_Text ist
die geladene Datei in Textform, die im aktiven Fenster erscheinen
soll. Es werden vier Unterfenster durch Zahlen unterschieden:

    1 = oben links;

    2 = oben rechts;

    3 = unten links;

    4 = unten rechts.

Falls das Fenster nicht geteilt ist, paßt MS-EXCEL die Anzeige der
Wahl für Unterfenster_Nummer an: Nummer = 1 und Fenster nur
waagerecht geteilt: Datei erscheint im oberen Fenster usw.
Fehlt Fenster_Text, wird das aktive Dokument im entsprechenden
Unterfenster angezeigt.

**AKTIVIEREN.VORHER( )**               STRG+UMSCHALT+F6
aktiviert das vorhergehende Fenster.

**AKTIVIEREN.WEITER( )**                    STRG+F6
aktiviert das nächste Fenster.

Datei **Alles Schließen**

**ALLES.SCHLIESSEN( )**
schließt alle ungeschützten Fenster. Der Befehl wird bei der Anwahl
des Menüs Datei angezeigt, wenn die UMSCHALT-Taste gedrückt
ist.

Daten **Analyse...**

**ANALYSE(Analysetext)**
teilt einen langen, oft importierten Text, der sich in einem Feld befindet, auf mehrere Felder auf. Die einzelnen logischen Einheiten
werden in der Befehlsform mit der Schaltfläche SCHÄTZEN in
runde Klammern gepackt und aufgeteilt. Die Klammern können auch
per Hand gesetzt und korrigiert werden.

*Analysetext* ist die Analysezeile in Textform, bzw. ein Bezug auf eine solche Zeile.

```
┌─────────────────────────────────────────────────────────┐
│ Analysezeile                                             │
│ (Schmitz,)( Josef)( Hauptstr.55)( 5000)( Köln)( 0221/5343635 │
│ ·····|·····|·····|·····|·····|·····|·····|·····|·····| │
│ ( Schätzen )  ( Löschen        )      (   OK   ) (Abbrechen) │
└─────────────────────────────────────────────────────────┘
```

Anm.: Meist ist es einfacher, diesen komplexen Befehl aufzuzeichnen.

**Fenster Alles anordnen**

**ANORDNEN( )**
ordnet alle geladenen und nicht verborgenen Dokumente auf dem Bildschirm an.

**ANW.AKTIVIEREN(Titel;Warten_Wahrheitswert)**
aktiviert eine andere MS-WINDOWS-Applikation. *Titel* ist der Name der Anwendung als Text. Fehlt *Titel*, wird MS-EXCEL aktiviert.

Ist *Warten_Wahrheitswert* = WAHR, blinkt die Anwendung, bevor sie aktiviert wird.

**_Systemmenü Bewegen   (Anwendungsfenster)       ALT+F7**
**ANW.BEWEGEN?(x_Position;y_Position)**
verändert die Position des MS-EXCEL Fensters am Bildschirm. Die Argumente geben die horizontale und vertikale Bildschirmposition des Fensters vom linken und oberen Bildschirmrand gemessen in Bildpunkten an.

**_Systemmenü Größe ändern…(Anwendungsfenster)**
                                                        **ALT+F8**

**ANW.GRÖSSE?(x_Zahl;y_Zahl)**
verändert die Größe des MS-EXCEL Fensters am Bildschirm. Die Argumente geben die Breiten- und Höhenänderung des Fensters in Bildpunkten an. Es erscheint kein Dialog. Die Änderungen können auch mit den Cursor-Tasten oder der Maus gemacht werden.

**_Systemmenü Sinnbild   (Anwendungsfenster)       ALT+F9**
**ANW.SINNBILD( )**
verkleinert das Anwendungsfenster zum Piktogramm.

**_Systemmenü Vollbild   (Anwendungsfenster)       ALT+F10**
**ANW.VOLLBILD( )**
erweitert das Anwendungsfenster auf die maximale Größe.

_Systemmenü **Wiederherstellen**   (Anwendungsfenster)

ALT+F5

**ANW.WIEDERHERSTELLEN( )**
stellt den vorhergehenden Zustand des Anwendungsfensters wieder
her, so wie er durch BEWEGEN() oder GRÖSSE() eingestellt war.

_Fenster **Anzeigen...**

**ANZEIGEN(Fenster_Text)**
zeigt verborgene Dokumente an der Bildschirmoberfläche an. *Fen-*
*ster_Text* ist der Name eines verborgenen Dokumentes als Text.

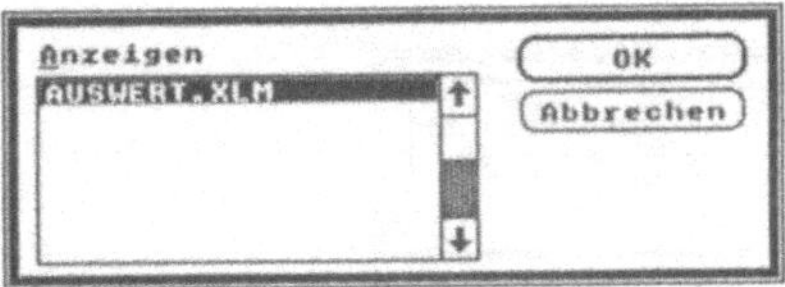

_Optionen **Arbeitsbereich...**

**ARBEITSBEREICH?(Fest;Dezimal;Z1S1;Bildlauf;Status;**
**Bearbeitung;Menü;Fern)**
legt die Arbeitsumgebung für alle Dokumente fest. Bei Argument =
WAHR wird das zugehörige Optionsfeld gewählt, mit Argument =
FALSCH wird die Wahl rückgängig gemacht.

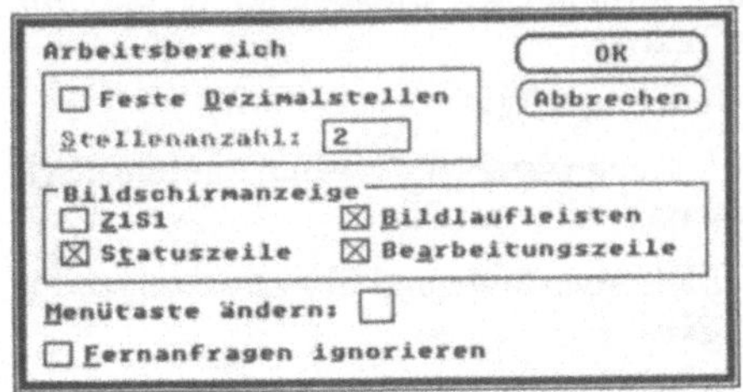

*Fest* = WAHR, wenn feste Dezimalstellen eingestellt sind.

*Dezimal* = eine Zahl für die Anzahl der Dezimalstellen.

*Z1S1* = WAHR, wenn das Z1S1-Anzeigeformat in den Spalten-
köpfen und beim Bezugsformat gewählt ist.

*Bildlauf* = WAHR, wenn Bildlaufleisten angezeigt werden sollen.

*Status* = WAHR, wenn die Statuszeile angezeigt werden soll.

*Bearbeitung* = WAHR, wenn die Bearbeitungszeile angezeigt werden soll.

*Menü* = ein Zeichen für eine neue Menütaste; die Standardeinstellung ist ein Leerzeichen.

*Fern* = WAHR, wenn Fernanfragen ignoriert werden sollen.

## Datei Arbeitsbereich speichern...

### ARBEITSBEREICH.SPEICHERN?(Name)

speichert alle geladenen Dokumente unter einem gemeinsamen Namen ab; die Endung ist ".XLW". *Name* enthält eventuell. Pfad und Namen der Arbeitsbereichsdatei als Text.

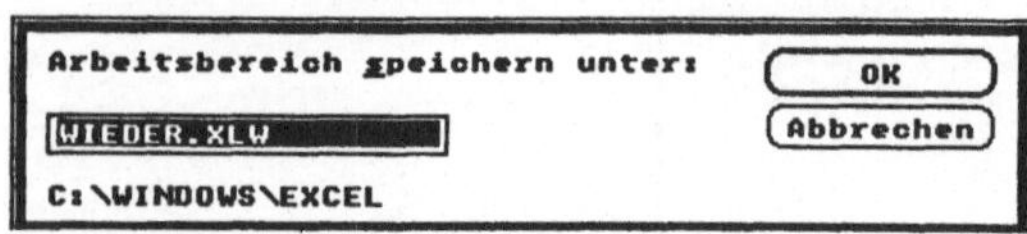


Anm.: Wird *Name* ausgelassen, wird unter "WIEDER.XLW" gespeichert oder unter dem alten Namen, falls schon einer vergeben wurde.

### ARBEITSBEREICH.ZUORNEN(Infotyp)

liefert Informationen über den eingestellten Arbeitsbereich je nach Infotyp-Nummer:

1 = ein Name und die Version der Umgebung, in der MS EXCEL läuft, als Text.

2 = die MS-EXCEL Version als Text.

3 = eine Zahl der Dezimalstellen, wenn automatisch Dezimalstellen gesetzt sind, sonst 0.

4 = WAHR, wenn Z1S1-Beschriftung und Bezugsart angezeigt wird, sonst FALSCH.

5 = WAHR, wenn Bildlaufleisten angezeigt werden, sonst FALSCH.

6 = WAHR, wenn die Statuszeile angezeigt wird, sonst FALSCH.

7 = WAHR, wenn die Bearbeitungszeile angezeigt wird, sonst FALSCH.

8 = WAHR, wenn Fernanfragen aktiviert sind, sonst FALSCH.

9 = die alternative Menütaste als Text oder #N/V , wenn "Menütaste ändern" nicht gesetzt ist.

10    =    eine Zahl, die folgende Zustände angibt:

          1 = Daten Suchen,

          2 = Kopieren,

          3 = Ausschneiden,

          4 = kein spezieller Modus.

11    =    die x-Position des MS-EXCEL Fensters vom linken Bildschirmrand gemessen in Bildpunkten.

12    =    die y-Position des MS-EXCEL Fensters vom oberen Bildschirmrand gemessen in Bildpunkten.

13    =    die nutzbare Arbeitsbereichsbreite in Bildpunkten.

14    =    die nutzbare Arbeitsbereichshöhe in Bildpunkten.

15    =    eine Zahl für den Zustand des MS-EXCEL Fensters:

          1 = weder Sinnbild noch Vollbild;

          2 = Sinnbild;

          3 = Vollbild.

16    =    die Größe des freien Speichers in KByte.

17    =    die Größe des Gesamtspeichers in KByte.

18    =    WAHR, wenn ein Mathematischer Coprozessor vorhanden ist, sonst FALSCH.

19    =    WAHR, wenn eine Maus vorhanden ist, sonst FALSCH.

**ARGUMENT(Name;***Datentypzahl)*

**ARGUMENT(***Name;Datentypzahl;***Bezug)**
nennt die an einen Funktionsmakro zu übergebenden Argumente als Text (max.13).

*Name* ist der Argumentname oder der Name der Felder, die Argumentname enthalten, wenn *Bezug* angegeben ist.

*Datentypzahl* ist der Typ des Argumentes:

    0 = Formel,

    1 = Zahl;

    2 = Text;

    4 = Wahrheitswert;

    8 = Bezug;

    16 = Fehlerwert;

    64 = Matrix.

Wenn die Typzahl eine Summe der Datentypzahlen ist, sind mehrere Datentypen für die Eingabe erlaubt.

*Bezug* sind die Felder der Makrovorlage in denen das Argument gespeichert werden soll.

**AUFRUFEN(Aufruftext;Argument1;...)**
ruft eine Prozedur der MS-WINDOWS Bibliothek auf. *Aufruftext* wird von der Funktion REGISTER() ermittelt. Die Argumente werden an die Prozedur übergeben.

Anm.: Diese Funktion sollte nur von geübten Programmierern benutzt werden, da es bei falschem Gebrauch zum Systemabsturz kommen kann!

## Makro Aufzeichnen...
zeichnet alle weiteren Aktionen mit dem Makrorecorder auf.

## Makro Aufzeichnung ausführen
führt die Aufzeichnung eines Makros weiter fort, nachdem das Feld zum Weitermachen durch *Aufzeichnung festlegen* makiert wurde. Meist ist dies ein vorher gesetzter RÜCKSPRUNG( ).

## Makro Aufzeichnung beenden
beendet die Aufzeichnung eines Befehlsmakros  mit der Funktion RÜCKSPRUNG( ).

## Makro Aufzeichnung festlegen
legt das Feld zum Ergänzen eines bestehenden Makros meist auf einem alten RÜCKSPRUNG( ) fest.

## Systemmenü Ausführen...(Anwendungsfenster)
**AUSF(Programm_Text;*Fenster_Zahl*)**
startet ein anderes MS-WINDOWS Programm. *Programm_Text* enthält den Programmnamen und sämtliche Start-Parameter als Text.

Fenster_Zahl = 1 startet das Programm im Standard-Fenster,

= 2 als Sinnbild-Fenster und

= 3 als Vollbild-Fenster.

Wenn *Fenster_*Zahl fehlt, wird 2 angenommen.

Anm.: Das MS-WINDOWS Programm meldet eine Kennziffer zurück, die mit der Funktion KANAL.ÖFFNEN() weiter benutzt werden kann.

## Makro Ausführen...
ruft ein Dialogfeld aller geladenen Makros auf, um einen Makro auszuwählen und zu starten.

**AUSFÜHREN(Kanalnummer;Ausführen_Text)**
führt die Befehle in *Ausführen_Text* über den geöffneten Kanal in einem anderen MS-WINDOWS Programm aus. Entsprechende Tastencodes stehen in Kapitel *5.2 Die Tas.encodes*.

## Format Ausrichtung...
**AUSRICHTUNG?(Typzahl)**
richtet die Feldinhalte unterschiedlich aus. Typzahl ist eine der folgenden Zahlen:

    1 = Standard (Text-linksbündig; Werte-rechtsbündig);

    2 = linksbündig;

    3 = zentriert;

    4 = rechtsbündig;

    5 = wiederholt den Feldinhalt, bis das ganze Feld ausgefüllt ist.

Leere Felder rechts daneben, die mit der Typzahl 5 formatiert sind, werden ebenfalls mit ausgefüllt.

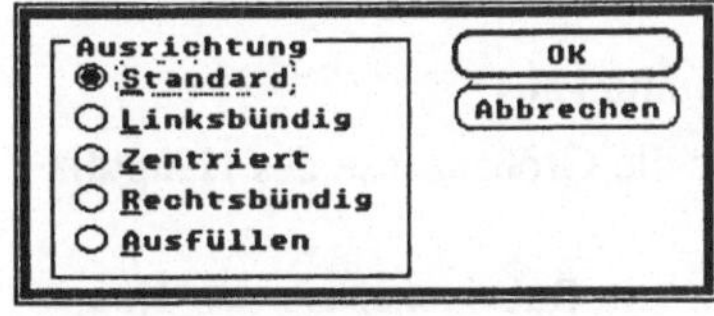


**Bearbeiten Ausschneiden**                        UMSCHALT+ENTF

**AUSSCHNEIDEN( )**
schneidet den Inhalt der aktuellen Auswahl aus dem Dokument aus, um ihn an anderer Stelle wieder einzufügen.

Anm.: In der Auswahl können sich Felder von Tabelle oder Makrovorlage, aber auch Teile der Bearbeitungszeile befinden.

**AUSWAHL( )**
liefert den Bezug der aktuellen Auswahl als externen Bezug.

Anm.: Wenn mit dem Bezug und nicht mit dem Wert weitergearbeitet werden soll, empfiehlt sich die Umwandlung des Bezugs mit der Funktion POSTEXT().

**AUSWÄHLEN(Auswahl;Aktives_Feld)**        [TAB MAKRO]
wählt den Bereich *Auswahl* aus und aktiviert darin das Feld *Aktives_Feld*. Wenn *Aktives_Feld* nicht angegeben ist, wird die linke obere Ecke der Auswahl aktiviert. *Auswahl* kann ein externer Bezug

auf die aktive Tabelle, oder ein Z1S1-Bezug relativ zum aktiven Feld
sein.

## Diagramm **Diagramm auswählen**

**AUSWÄHLEN(Element)**
wählt Element in Textform aus den umfangreichen Möglichkeiten
der Diagrammelemente aus.


**Elemente:**

"Diagramm"          wählt das ganze Diagramm aus.

"Diagrammfl"        wählt nur die Diagrammfläche aus.

"Legende"           wählt die Legende aus.

"Achse1"            wählt die Größenachse des Hauptdiagramms aus.

"Achse2"            wählt die Rubrikenachse des Hauptdiagramms aus.

"Achse3"            wählt die Größenachse des Überlagerungsdia-
                    gramms aus.

"Achse4"            wählt die Rubrikenachse des Überlagerungsdia-
                    gramms aus.

"Titel"             wählt den Diagrammtitel aus.

"Achsentext1"       wählt den Text für die Größenachse des Hauptdia-
                    gramms aus.

"Achsentext2"       wählt den Text für die Rubrikenachse des Haupt-
                    diagramms aus.

"Textn"             wählt das n-te gleitende Textelement aus.

"Pfeiln"            wählt den n-ten Pfeil aus.

"Gitternetz1"       wählt die Hauptgitternetzlinien der Größenachse
                    aus.

"Gitternetz2"       wählt die Hilfsgitternetzlinien der Größenachse
                    aus.

"Gitternetz3"       wählt die Hauptgitternetzlinien der Rubrikenachse
                    aus.

"Gitternetz4"       wählt die Hilfsgitternetzlinien der Rubrikenachse
                    aus.

"Bezugsl1"          wählt die Bezugslinien im Hauptdiagramm aus.

"Bezugsl2"          wählt die Bezugslinien im Überlagerungsdiagramm
                    aus.

"Spannweitl1"       wählt die Spannweitenlinien im Hauptdiagramm
                    aus.

"Spannweitl2"     wählt die Spannweitenlinien im Überlagerungsdiagramm aus.

"RnPm"           wählt die zu Punkt m in Reihe n gehörenden Daten
                 aus.

"TextRnPm"       wählt den Punkt m in Reihe n zugeordneten Text
                 aus.

"TextRn"         wählt den Reihentitel einer Reihe n in einem Flächendiagramm aus.


**AUSZEICHNUNG?(Fett;Kursiv)**                              [MacIntosh]
ändert eine Schriftart in fette und/oder kursive Anzeige. Im allgemeinen wird FORMAT.SCHRIFTART( ) oder SCHRIFT
ART.ERSETZEN( ) verwendet. Die Argumente sind gewählt, wenn
sie WAHR sind.


Muster **Balken**... siehe MUSTER.BALKEN()


Bearbeiten **Löschen**...                                    STRG+-.

**BEARBEITEN.LÖSCHEN?(Zahl)**
löscht die Felder in der aktuellen Auswahl und verschiebt die Felder
bei *Zahl* = 1 nach links und bei *Zahl* = 2 nach oben. Die letzte Einstellung behält MS-EXCEL.

Anm.: Wurden die gelöschten Felder in Bezügen anderer Formeln
      verwendet, gehen diese Bezüge kaputt und melden den
      Fehlerwert #Bezug!.


Datei **Beenden**

**BEENDEN( )**
beendet MS-EXCEL und fragt ab, ob gespeichert werden soll, falls
es noch ungespeicherte Änderungen gibt.


**BEFEHL.AKTIVIEREN(Kennummer;Menüposition;**
                    **Befehlsposition;Aktivieren)**
gibt einen Befehl in einem Menü frei oder deaktiviert ihn. Deaktivierte Befehle sind hell unterlegt und können nicht ausgeführt werden. Dies ist z.B. immer der Fall, wenn die Bearbeitungszeile aktiv
ist.

*Kennummer* ist die Nummer der Menüleiste (1-21).

*Menüposition* ist die lfd. Nummer des Menüs in der Menüleiste, von links nach rechts gezählt, oder die Bezeichnung des Menüs als Text.

*Befehlsposition* wird im Menü von oben nach unten gezählt oder kann ebenfalls der Befehlstext sein. Bei 0 wird das gesamte Menü aktiviert oder deaktiviert.

*Aktivieren* ist ein Wahrheitswert: WAHR aktiviert, FALSCH deaktiviert die Befehle oder das Menü.

**BEFEHL.EINFÜGEN(Kennummer;Menüposition;Menübezug)**
fügt einen neuen Befehl, der im *Menübezug* dokumentiert ist, in ein Menü einer bestimmten Menüleiste ein.

*Menüposition* ist eine Zahl oder der Menüname als Text. Die Menüleiste wird durch die *Kennummer* bezeichnet, die von der Funktion MENÜLEISTE.EINFÜGEN( ) zurückgemeldet wird.

**BEFEHL.LÖSCHEN(Kennummer;Menüposition;**

**Befehlsposition)**

löscht einen Befehl an der angegebenen Position.
*Kennummer* ist die Nummer der Menüleiste (1-21).
*Menüposition* ist die lfd. Nummer des Menüs oder der Menüname als Text.
*Befehlsposition* gibt die Ziffer der Stellung des Befehls im Menü wieder; der obere Befehl trägt die Ziffer 1. Der Befehlsname als Text kann auch angegeben werden.

**BEFEHL.UMBENENNEN(Kennummer;Menüposition;**

**Befehlsposition;Name)**

gibt dem bezeichneten Befehl einen neuen Namen.

*Kennummer* bezeichnet die Nummer der Menüleiste und wurde durch MENÜLEISTE.EINFÜGEN() erzeugt.

*Menüposition* gibt die Stellung des Menüs in der Leiste als Zahl wieder oder den Menünamen als Text.

*Befehlsposition* bezeichnet die Stellung des Befehls im Menü. Der obere Befehl trägt die Zahl 1 oder den Befehlsnamen als Text.

*Name* bezeichnet den Befehl mit einem neuen Namen als Text.

**BEFEHL.WÄHLEN(Kennummer;Menüposition;**

**Befehlsposition;Wählen)**

fügt neben dem entsprechenden Befehl eine Wählmarkierung (ein Häkchen) ein, wenn *Wählen* WAHR ist, oder entfernt dieses, wenn *Wählen* FALSCH ist.

*Kennummer* bezeichnet die Nummer der Menüleiste und wurde durch MENÜLEISTE.EINFÜGEN() erzeugt.

*Menüposition* gibt die Stellung des Menüs in der Leiste als Zahl oder den Menünamen als Text an.

*Befehlsposition* bezeichnet die Stellung des Befehls im Menü. Der obere Befehl trägt die Zahl 1 oder den Befehlsnamen als Text.

**BEI.DATEN(Datei_Text;Makro_Text)**
ruft den als zweites Argument angegebenen Makro immer dann auf, wenn eine andere Anwendung an die angegebene Datei sendet.

*Datei_Text* ist eine MS-EXCEL Tabelle oder MS-EXCEL Datei und enthält einen oder mehrere Fernbezüge.
*Makro_Text* ist ein Z1S1-Bezug in Textform.
Die Funktion bleibt solange aktiv bis sie durch Weglassen des Argumentes *Makro_Text* deaktiviert wird.

**BEI.FENSTER**(*Fenster_Text;Makro_Text)*
der angegebene Makro wird immer dann aufgerufen, wenn das Fenster im ersten Argument aktiviert wird.

*Fenster_Text* ist der Name eines Fensters in Textform.

*Makro_Text* ist ein Textbezug auf eine Makrovorlage.

Falls *Fenster_Text* fehlt, wird mit jedem neuen Fenster der angegebene Makro ausgeführt.

**BEI.TASTE(Taste_Text;Makro_Text)**
bei Betätigung der angegebenen Taste wird ein Makro ausgelöst.

*Taste_Text* bezeichnet eine Taste oder Tastenkombination. Die Tastencodes stehen im Kapitel *5.2 Die Tastencodes*.

*Makro_Text* ist der Textbezug auf eine geladene Makrovorlage. Fehlt dieser Bezug, wird kein Makro ausgeführt, ist der Bezug leer ("" ), erhält die Taste ihre ursprüngliche Funktion in MS-EXCEL zurück.

**BEI.ZEIT(**Zeit;*Makro_Text;Toleranz;Eingabe_Wahrheitswert)*
führt einen Makro zu einem gegebenen Zeitpunkt aus. Der Makro als Textbezug im Z1S1-Format auf eine Makrovorlage wird nur ausgeführt, wenn *Eingabe_Wahrheitswert* WAHR ist, sonst nicht.

Falls das Argument *Zeit* nur eine Zeit als serielle Zahl kleiner als 1 angibt, wird der Makro jeden Tag zur gleichen Zeit ausgeführt, wenn der Makro aktiv im Hauptspeicher geladen ist.

*Toleranz* gibt eine Toleranzzeit an, falls sich das Programm nicht im Bereitschaftsmodus, also beim Kopieren, Ausschneiden oder Suchen befindet.

## Optionen Berechnen...

**BERECHNEN?(Typzahl;Iteration;Max_Zahl;**
**Änderungshöchstwert;Aktualisieren;**
**Genauigkeit;1904)**

berechnet die gesamte Tabelle je nach Argument neu:

```
┌─Berechnen─────────────────────────────┐   ╭───────────╮
│ ● Automatisch                         │   │    OK     │
│ ○ Automatisch außer bei Mehrfachoperationen   ╰───────────╯
│ ○ Auf Befehl                          │   ╭───────────╮
└───────────────────────────────────────┘   │ Abbrechen │
                                             ╰───────────╯
 ┌─────────────┐
 │☒│Iteration│
 Höchstzahl der Iterationen:   [ 100   ]
 Änderungshöchstwert           [ 0,001 ]
 ┌─Tabellenoptionen──────────────────────┐
 │☒ Fernanfragen aktualisieren           │
 │☐ Genauigkeit wie angezeigt            │
 │☐ 1904 Datumswerte                     │
 └───────────────────────────────────────┘
```

*Typzahl* gibt den Berechnungstyp als Zahl an:

    1 = automatisch,

    2 = automatisch außer bei Mehrfachoperationen,

    3 = auf Befehl.

*Iteration* = WAHR, wenn Näherungsrechnungen durchgeführt werden sollen, FALSCH, um die Wahl rückgängig zu machen.

*Max_Zahl* bestimmt die Anzahl der Iterationen; die Voreinstellung legt den Wert 100 fest.

*Änderungshöchstwert* stoppt die Iteration, wenn sich die Werte um weniger als 0,001 ändern oder orientieren sich am neu festgelegten Wert.

*Aktualisieren* = WAHR, wenn Fernbezüge aktualisiert werden sollen.

*Genauigkeit* = WAHR, wenn Genauigkeit wie angezeigt berechnet werden soll.

*1904* = WAHR, wenn die Zeitrechnung mit dem APPLE MacIntosh kompatibel sein soll. Berechnungsbasis ist dann der 1.1.1904 und nicht der 1.1.1900.


**BEREICH.VERSCHIEBEN(Bezug;Zeilen;Spalten;*Höhe;Breite*)**
liefert einen neuen Bezug, der gegenüber dem Argument *Bezug* verschoben ist.

*Zeilen* und *Spalten* geben die relative Position zur linken oberen Ecke des aktuellen Bezuges an. Hier können auch negative Werte für verschieben nach links und oben stehen.

*Höhe* und *Breite* werden ebenfalls in Zeilen und Spalten, also ganze Zahlen, gemessen und können der neuen Auswahl eine neue Ausdehnung relativ zur linken oberen Ecke geben. Fehlen diese Argumente, wird die alte Größe übernommen.

Format **Bewegen**   siehe FORMAT.BEWEGEN( )

Systemmenü **Bewegen**   (Dateifenster)                              STR+F7

**BEWEGEN(x_Position;y_Position;***Fenster_Text***)**
bewegt das Fenster im *Fenster_Text* oder das aktuelle Fenster, wenn der Text fehlt, an eine neue Bildschirmposition.

Die linke obere Fensterecke befindet sich dann x Bildpunkte vom linken und y Bildpunkte vom oberen Bildschirmrand entfernt.

Formel **Bezugsart ändern**                                             F4
ändert die Bezugsarten in absolute Bezüge, relative Bezüge oder gemischte Bezüge. Dieser Befehl ist nur ausführbar, wenn die Bearbeitungszeile aktiviert ist und eine Formel mit Bezügen enthält.

**BEZUG***(Argument1;Argument2...)*
ruft ein MS-EXCEL Unterprogramm auf. *Bezug* ist ein externer Bezug auf einen Bereich der Makrovorlage, der einen Befehls- oder Funktionsmakro enthält. Es können in diesem Falle auch an einen Befehlsmakro bis zu 13 Argumente übergeben werden. Nach der Abarbeitung des Unterprogramms wird an die aufrufende Stelle zurückverzweigt und mit der nächsten Anweisung fortgefahren.

**Bezugsarten:**

| | |
|---|---|
| absolute Bezüge | = $A$1 ; "Z1S1" |
| relative Bezüge | = A1 ; "Z(-1)S(+1)" |
| gemischte Bezüge | = $A1 ; "Z1S(-1)" |
| externe Bezüge | = MAKRO1!A1 ; "MAKRO1!Z1S1" |

Es sind viele Mischformen von Bezügen möglich, die von der jeweiligen Problemstellung abhängen.

Bearbeiten **Bild kopieren...**

**BILD.KOPIEREN(Erscheinungsbild;Größe)**
Dieser Befehl erscheint im Menü Bearbeiten, wenn Sie beim Aufruf die UMSCHALTTASTE (SHIFT) betätigen und kopiert die aktuelle Auswahl als Abbildung in die Zwischenablage.

*Erscheinungsbild* bezeichnet mit 1 das Bild wie angezeigt und mit 2 das entsprechende Druckbild.

*Größe* trifft nur zu, wenn die Auswahl ein Diagramm ist und meint ebenfalls mit 1 die Anzeige und mit 2 das Druckbild.

<u>O</u>ptionen **Bildschirmanzeige...**

**BILDSCHIRMANZEIGE**(*Formel;Gitternetzlinien;Kopf;
Null;Farbe*)
bestimmt die Anzeigeform eines Dokumentes am Bildschirm. Die
zugehörigen Optionen werden nur bei WAHR gezeigt, sonst nicht.

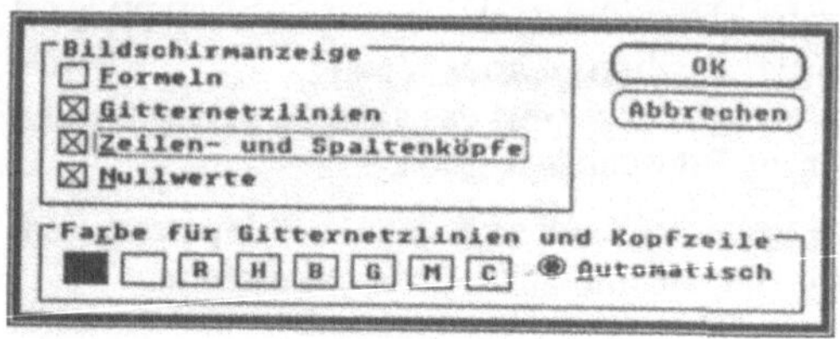


*Formel* = WAHR, zeigt den Formelinhalt der Felder und nicht die
Werte an. Die Kurzform ist ALT+#.

*Gitternetzlinien* = WAHR, zeigt das Liniennetz auf der Arbeitsober-
fläche an.

*Kopf* = WAHR, zeigt die Zeilen- und Spaltenköpfe an.

*Null* = WAHR, zeigt Nullwerte in Feldern an oder unterdrückt die
Anzeige mit FALSCH.

*Farbe* enthält eine Zahl von 0 bis 8. Bei 0 werden die Farben automatisch laut Ihrer MS-WINDOWS Konfiguration ausgewählt. Die
Farben 1 bis 8 kann man der Farbskala unter *Optionen Bildschirmanzeige* entnehmen:
schwarz; weiß; rot; hellgrün; blau; gelb; magenta; zyan

<u>I</u>nfo (Bildschirmanzeige)                                    [INFO]

**BILDSCHIRMANZEIGE**(*Feld;Formel;Wert;Format;Schützen;
Namen;Vorrangige;Abhängige;Notiz*)
bestimmt die Bildschirmanzeige im Menü INFO. Die Argumente
entsprechen den Befehlen mit denselben Bezeichnungen und werden
jeweils mit WAHR ausgewählt und angezeigt.

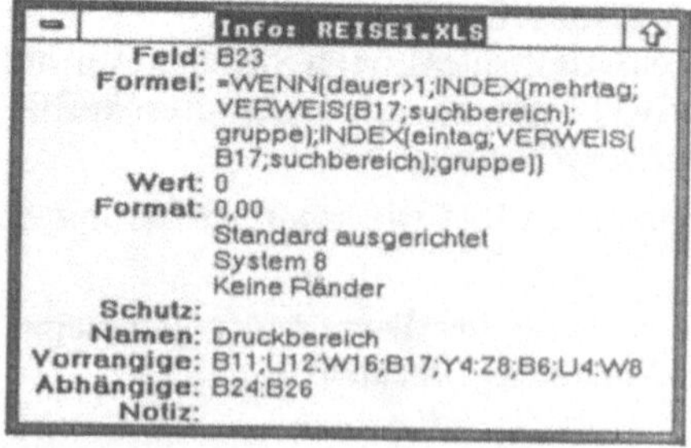

*Vorrangige* oder *Abhängige* enthält Zahlen für die Abhängigkeit von Feldern:

>    0 = keine;

>    1 = nur direkt abhängige oder vorrangige Felder;

>    2 = alle Ebenen.

Die entsprechenden Bezüge werden aufgelistet.

## Format **Bündig anordnen**

**BÜNDIG.ANORDNEN( )**
ordnet Text über mehrere Felder in den Zeilen und Spalten der Auswahl bündig an.

| | |
|---|---|
| Optionen **Datei berechnen** | UMSCHALT+F9 |
| Diagramm **Datei berechnen** | UMSCHALT+F9 |

**DATEI.BERECHNEN( )**
berechnet alle Formeln der aktiven Datei neu.

Anm.: Der Befehl wird angezeigt, wenn die UMSCHALT-Taste mit Optionen berechnen gedrückt wird.

## Datei Löschen...

**DATEI.LÖSCHEN?(Name)**
löscht die Datei Name von der Festplatte oder Diskette.

*Name* ist die Bezeichnung der zu löschenden Datei als Text und kann auch Laufwerk und Pfad enthalten. Wird die Datei nicht gefunden, erscheint auch das Dialogfeld, als ob das Fragezeichen eingegeben wurde.

Bei der Suche nach Dateien gelten auch die Stellvertreterzeichen "*" für mehrere und "?" für einzelne Zeichen.

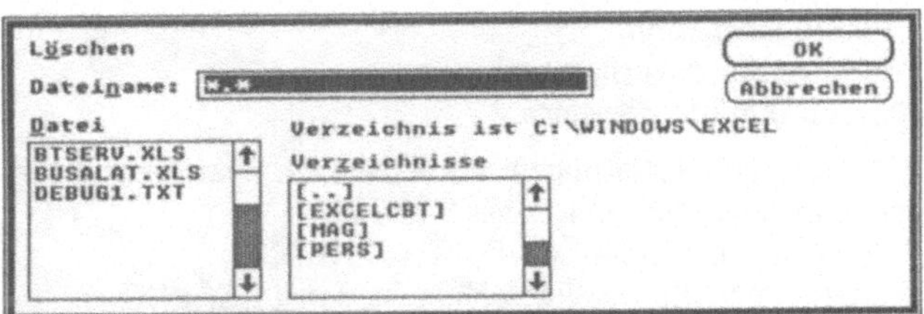


| | |
|---|---|
| Datei **Schließen**  (Dateifenster) | STRG+F4 |

**DATEI.SCHLIESSEN(*Speichern_Wahrheitswert*)**
schließt die Datei im aktiven Fenster. Ist das Argument WAHR wird die Datei erneut gespeichert, bei FALSCH wird die Datei nicht ab-

gespeichert. Fehlt das Argument, erscheint eine Warnung, die ab-
fragt, ob gespeichert werden soll.

Optionen **Datei schützen...**

Optionen **Dateischutz aufheben...**

Diagramm **Datei schützen...**

Diagramm **Dateischutz aufheben...**

**DATEI.SCHÜTZEN?** *(Inhalt;Fenster)*
schützt alle gesperrten Felder der aktiven Datei oder hebt deren
Schutz wieder auf. Wenn beide Argumente FALSCH sind, wird jeweils der Dateischutz aufgehoben. Ist eines der Argumente WAHR
oder fehlt das Argument *Inhalt*, wird die Datei geschützt. Fehlt das
Argument Fenster, wird angenommen, daß es FALSCH ist. *Inhalt*
schützt Formeln, Formate und Notizen; *Fenster* kann die Form des
Fensters unveränderlich machen. Die Befehlsform erlaubt auch noch
die Eingabe eines PASSWORDs, das bis zu 16 Zeichen lang sein
darf.

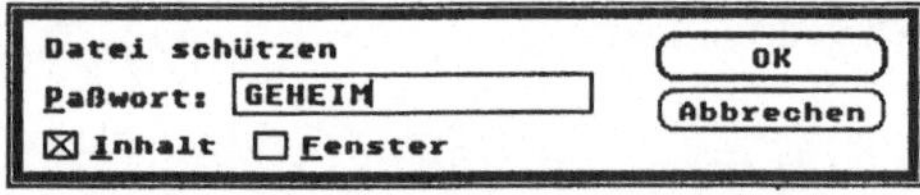


**DATEI.ZUORDNEN(Infotyp;Name)**
liefert Informationen über die Datei Name bzw. über die aktive Datei, wenn Name fehlt.

*Infotyp* ist eine Ziffer, die die Art der Information bezeichnet, die
geliefert werden soll:

1 =  der Name der Datei als Text.
2 =  der Pfadname des Verzeichnisses, das *Name* enthält als Text.
3 =  1 für eine Tabelle;
    2 für ein Diagramm;
    3 für eine Makrovorlage und
    #NV für ein Info-Fenster.

4 =  WAHR, wenn Änderungen seit der letzten Speicherung vor-
    genommen worden sind, sonst FALSCH.
5 =  WAHR bei Nur-Lese-Zugriff, sonst FALSCH.
6 =  WAHR, wenn die Datei geschützt ist, sonst FALSCH.
7 =  WAHR, wenn der Dokumentinhalt geschützt ist, sonst
    FALSCH.
8 =  WAHR, wenn Dateifenster geschützt sind, sonst FALSCH.

Infotyp für Diagramme:

9 =   eine Zahl von 1 bis 6 für den Typ des Hauptdiagramms:
     1 = Flächen,
     2 = Balken,
     3 = Säulen,
     4 = Linien,
     5 = Kreis,
     6 = Punkt.
10 =  eine Zahl von 1 bis 6, die den Typ des überlagernden Diagramms angibt; bei keiner Überlagerung wird der Fehlerwert #NV gemeldet.
11 =  die Nummer der ausgewählten Datenreihe im Hauptdiagramm.
12 =  die Nummer der ausgewählten Datenreihe im Überlagerungsdiagramm.

Infotyp für Tabellen und Makrovorlagen:

9 =   die Nummer der ersten benutzen Zeile; bei leerer Datei = 0.
10 =  die Nummer der zuletzt benutzten Zeile; bei leerer Datei = 0.
11 =  die Nummer der ersten benutzten Spalte; bei leerer Datei = 0.
12 =  die Nummer der letzten benutzten Spalte; bei leerer Datei = 0.
13 =  die Anzahl der geladenen Fenster eines Dokumentes.
14 =  eine Zahl für den Berechnungsmodus:
     1 = automatisch;
     2 = automatisch, außer bei Mehrfachoperationen;
     3 = auf Befehl.
15 =  WAHR, wenn "Iteration" gewählt ist, sonst FALSCH.
16 =  die maximale Anzahl der Näherungsrechnungen (Iterationen).
17 =  der Änderungshöchstwert zwischen den Iterationen.
18 =  WAHR, wenn "Fernbezüge aktualisieren" gewählt ist, sonst FALSCH.
19 =  WAHR, wenn "Genauigkeit wie angezeigt" gewählt ist, sonst FALSCH.
20 =  WAHR, wenn "1904 Datumswerte" gewählt ist, sonst FALSCH.
21 =  horizontale Textmatrix mit den Namen der vier Schriftarten.
22 =  horizontale numerische Matrix mit den Größen der vier Schriftarten.
23 =  eine horizontale Matrix aus vier Wahrheitswerten, die angibt, welche der Schriftarten fett sind; fett entspricht WAHR, sonst FALSCH.

24 =  eine horizontale Matrix aus vier Wahrheitswerten, die angibt,
      welche der Schriftarten kursiv sind; kursiv entspricht
      WAHR.
25 =  eine horizontale Matrix aus vier Wahrheitswerten, die angibt,
      welche der Schriftarten unterstrichen sind;unterstrichen ent-
      spricht WAHR.
26 =  eine horizontale Matrix aus vier Wahrheitswerten, die angibt,
      welche der Schriftarten durchgestrichen sind, durchgestri-
      chen entspricht WAHR.

## Fenster **Dateien**

aktiviert eine geladene Datei und zeigt sie am Bildschirm an.

### DATEIEN(Verzeichnis_Text)

liefert eine horizontale Textmatrix der Dateien im angegebenen Verzeichnis mit bis zu 256 Einträgen.
*Verzeichnis_Text* kann die Stellvertreterzeichen "?" und "*" enthalten. Fehlt *Verzeichnis_Text* wird nach allen Dateien "*.*" im aktuellen Verzeichnis gesucht.

Anm.:  Die Funktion muß als Matrix im Makro eingegeben werden.
       Umfaßt die Matrix mehr Felder als Dateien vorhanden sind,
       enthalten die nicht belegten Felder den Fehlerwert #NV.

## Daten **Löschen**

### DATEN.LÖSCHEN?( )

löscht alle Daten aus der Datenbank, die den Suchkriterien entsprechen. Ohne Fragezeichen werden die Daten ohne Nachfrage gelöscht, mit Fragezeichen erscheint ein Dialogfeld, um nochmals zu
bestätigen oder abzubrechen.

Achtung!  Falls keine Suchkriterien eingegeben wurden, werden
          alle Daten gelöscht; Rückgängig ist nicht möglich.

## Daten **Suchen**

## Daten **Suche abbrechen**

### DATEN.SUCHEN(Wahrheitswert)

sucht Daten in einer Datenbank gemäß den Suchkriterien. Ist das Argument WAHR, wird der Suchmodus aktiviert, ist das Argument
FALSCH, wird die Suche abgebrochen.
Wird die UMSCHALT-Taste mit der Wahl des Befehls gedrückt,
wird rückwärts ab dem Ende der Datenbank gesucht.

### DATEN.SUCHEN.VORHER( )

entpricht der Cursor-Hoch-Taste im Suchmodus und zeigt den letzten
übereinstimmenden Satz an oder gibt den Fehlerwert FALSCH aus.

**DATEN.SUCHEN.WEITER( )**
entpricht der Cursor-Tief-Taste im Suchmodus und zeigt den nächsten übereinstimmenden Satz an oder gibt den Fehlerwert FALSCH aus.

## Daten **Datenbank festlegen**

**DATENBANK.FESTLEGEN( )**
legt die aktive Auswahl als Datenbank fest. Der Bereich muß mindestens zwei Zeilen umfassen. Die erste Zeile enthält die Feldbezeichnungen.

## Daten **Reihe berechnen...**

**DATENREIHE.BERECHNEN?(Zeile_Spalte;Typ;Datum;**
**-Schrittweite;Endwert)**
berechnet eine Folge von Daten nach den Vorgaben der Argumente:

*Zeile_Spalte* ist eine Zahl, die angibt, ob die Reihe zeilenweise oder spaltenweise eingetragen wird:

> 1 = in Zeilen;

> 2 = in Spalten.

*Typ* gibt den Datenreihentyp an:

> 1 = arithmetische Reihe;

> 2 = geometrische Reihe;

> 3 = Datumsreihe.

*Datum* spezifiziert den Typ der Datumsreihe falls *Typ* = 3 ist:

> 1 = Tagesreihe numerisch;

> 2 = Wochentagsreihe;

> 3 = Monatsreihe numerisch;

> 4 = Jahresreihe.

Die Werte können beliebig formatiert werden.
*Schrittweite* gibt die Entfernung zum nächsten Element der Reihe an; der Wert kann auch negativ sein für absteigende Reihen.

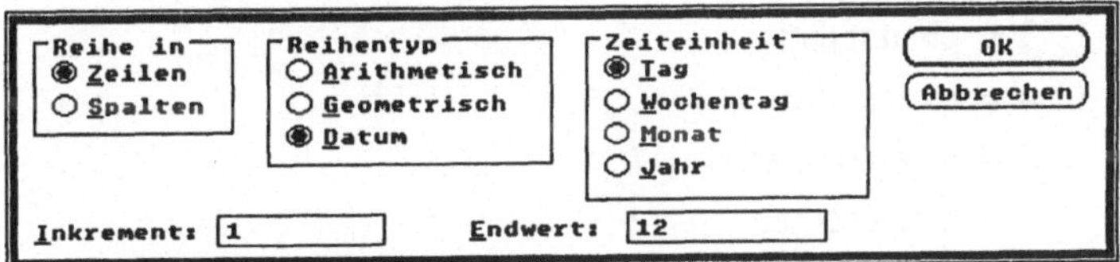

**DEF.ZUORDNEN(Definitionstext;Datei)**

liefert den Namen der Definition im Argument. *Definitionstext* in der angegebenen *Datei* als Text. Ist die Definition ein Bezug, wird das Z1S1-Format verwendet. Bei mehreren Namen wird stets nur der erste ausgegeben.

**DGRÖSSE(Dateinummer)**

liefert die Anzahl der Zeichen in der Datei, die mit *Dateinummer* bezeichnet wird. *Dateinummer* ist eine Zahl, die von der Funktion DLADEN() als Ergebnis ausgegeben wurde. Ist die Dateinummer nicht gültig, meldet auch DGRÖSSE() den Fehler #WERT!.

Diagramm **Diagramm auswählen**   siehe AUSWÄHLEN( )

**DIAGRAMM.AUSWÄHLEN()**                          [MacIntosh]

entspricht der MS-EXCEL Funktion AUSWÄHLEN("Diagramm").

**DIAGRAMM.ELEMENT(x_y_Index;Punkt_Index;**
**Element_Text)**

liefert die senkrechte oder waagerechte Position eines Punktes in einem Diagrammelement.

*x_y_Index* ist 1 für die waagerechte Koordinate und 2 für die senkrechte Koordinate.

*Element_Text* ist ein festgelegter Auswahlcode in Textform. Die vollständige Liste finden Sie bei der Makrofunktion AUSWÄHLEN(Element). Fehlt *Element_Text,* wird das Element in der aktiven Auswahl angenommen.

*Punkt_Index* gibt einen bestimmten Punkt im ausgewählten Element an oder bei Weglassen stets den Wert 1.

Wenn Element keine Datenlinie ist:

> 1 = Diagrammelement unten links;

> 2 = Diagrammelement oben rechts.

Wenn Element Rechteck oder Fläche im Flächendiagramm ist:

> 1 = oben links;

> 2 = oben Mitte ;

> 3 = oben rechts;

> 4 = rechts Mitte;

> 5 = unten rechts;

> 6 = unten Mitte;

> 7 = unten links;

> 8 = links Mitte.

Wenn Element ein Pfeil ist:

    1 = der Schaft;

    2 = die Spitze.

Wenn Element ein Kreisdiagrammsegment ist:

    1 = am weitesten außen gegen den Uhrzeigersinn liegender Punkt.

    2 = Mittelpunkt des Kreisbogens.

    3 = am weitesten außen im Uhrzeigersinn liegender Punkt.

    4 = Mittelpunkt des gegen den Uhrzeigersinn liegenden Radius.

    5 = Kreismittelpunkt.

    6 = Mittelpunkt des im Uhrzeigersinn liegenden Radius.

**DIAGRAMM.KOPIEREN?(Zahl)**                  [MacIntosh]
entspricht der MS-EXCEL Makrofunktion BILD.KOPIEREN() ohne
das Argument *Erscheinungsbild*.
Das Argument Zahl gibt an, wie in die Zwischenablage kopiert werden soll:

    1 = wie am Bildschirm angezeigt;
    2 = wie ausgedruckt.

## Diagramm **Diagrammfläche auswählen**
siehe AUSWÄHLEN( )                           [DIA]

**DIAGRAMMFLÄCHE.AUSWÄHLEN( )**         [MacIntosh]
entspricht der Makrofunktion AUSWÄHLEN ("Diagrammfl").

**DIALOGFELD(Dialogfeldbezug)**
zeigt das im Bezugsargument definierte Dialogfeld am Bildschirm
an.
*Dialogfeldbezug* ist ein Bezug auf die Makrovorlage im A1-Format
oder zur besseren Lesbarkeit ein festgelegter Name. Der Bezug umfaßt einen 7-spaltigen Bereich, der im Kapitel *4.2.1.2 Der Aufbau
von anwenderspezifische Dialogfeldern* ausführlich beschrieben ist.
DIALOGFELD( ) meldet die Nummer der gewählen OK-Schaltfläche zurück oder bei Abbrechen FALSCH. Die Nummer der Schaltfläche richtet sich nach der Stellung der Zeile in der Dialogfelddefinition. Die Zeilen werden ab der zweiten Zeile mit 1 beginnend
durchnumeriert.Bei Bestätigung des Dialoges mit der OK-Schaltfläche werden die Eingaben in die Ein-/Ausgabespalte des Definitions-
bereiches übertragen, sonst nicht.

**DLADEN(Datei_Text;Zufriff_Zahl)**
lädt eine Datei als Text-Datei, die satzweise gelesen werden kann,
und vergibt nach erfolgreichem Laden eine Dateinummer. Die Datei
wird mit DSCHLIESSEN( ) wieder geschlossen !

*Datei_Text* ist der vollständige Name der Datei in Textform.

Zugriff_Zahl meint:

> 1 = Lesen-/Schreiben-Zugriff;
>
> 2 = Nur-Lesen-Zugriff;
>
> 3 = erstellt eine neue Datei mit Lesen-/Schreiben-Zugriff.

**DLESEN(Dateinummer;Anzahl_Zeichen)**
liest die angegebene Anzahl von Zeichen aus der Datei *Dateinummer*, die mit der Funktion DLADEN( ) vergeben wurde. Es wird
immer ab der aktuellen Position in der Datei weitergelesen. Bei erfolgreichem Lesezugriff wird der entsprechende Text zurückgemeldet, sonst der Fehlerwert #NV (auch am Dateiende). Ist die *Dateinummer* ungültig, erscheint der Fehlerwert #WERT!.

**DLESEN.ZEILE(Dateinummer)**
liest ab der aktuellen Dateiposition aus einer Datei, die mit DLA-
DEN() geladen wurde und daher die Dateinummer zugewiesen bekam, jeweils bis ans Zeilenende. Das Zeilenende wird durch das
Steuerzeichen für Wagenrücklauf oder Zeilenvorschub markiert und
wird nicht mit an die Funktion zurückgemeldet. Fehlerwerte entsprechen DLESEN( ).

<u>F</u>enster <u>D</u>okument zeigen   siehe INFO.ZEIGEN( )

**DOKUMENTE( )**
liefert die Namen aller geladenen Dateien in alphabetischer Reihenfolge als eine Matrix von Textwerten. Einzelne Dateinamen können
mit der Funktion INDEX( ) ausgewählt werden.

Anm.: DOKUMENTE( ) muß auch als Matrixformel über mehrere
Felder eingegeben werden.

**DPOS(Dateinummer;*Position*)**
bringt die Datei im ersten Argument an die angegebene Position.

*Dateinummer* wird von der Makrofunktion DLADEN( ) zurückgemeldet. Position 1 ist die erste Stelle in der offenen Textdatei.

*Position* ist eine Zahl für die Anzahl der Zeichen vom Dateianfang.
Fehlt *Position*, ist die aktuelle Position in der Datei gemeint.

Optionen **Druckbereich festlegen**

**DRUCKBEREICH.FESTLEGEN( )**
legt die aktuelle Auswahl unter dem Namen "Druckbereich" fest.
Nur dieser Bereich wird beim Ausdruck berücksichtigt. Mit jedem
neuen Aufruf wird der alte Druckbereich überschrieben und muß
eventuell vorher unter einem anderen Namen gesichert werden.

Datei **Drucken...**          ALT+STRG+UMSCHALT+F2 oder
                                      ALT+STRG+F12

**DRUCKEN?(Bereich;Von;Bis;Kopien;Entwurf;Prüfung;Teile)**
bereitet die aktuelle Datei auf den Ausdruck vor und druckt sie aus.

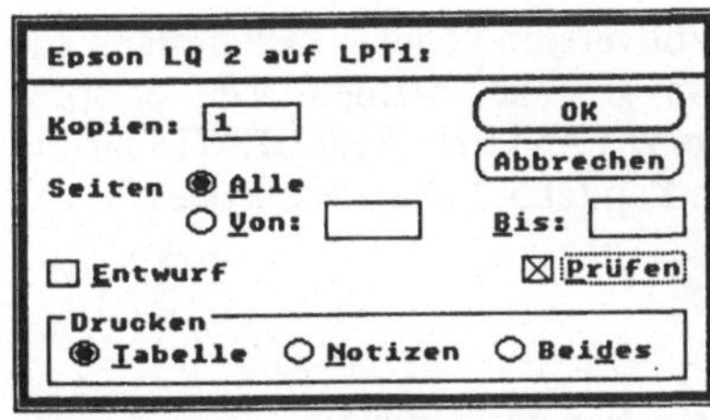


*Bereich* gibt den Seitenbereich zum Drucken an:

      1 = alles drucken ( dann werden die Argumente *Von* und *Bis*
        nicht beachtet) oder

      2 = angegebenen Bereich drucken.

*Von* gibt die erste Seite des Bereiches an, wenn Bereich = 2 ist.

*Bis* gibt die letzte Seite des Bereiches an, wenn Bereich = 2 ist.

*Kopien* gibt die Anzahl der Druckkopien an.

*Entwurf* = WAHR, wenn das Optionsfeld gewählt ist und druckt
ohne Formatierungen aus.

*Prüfung* = WAHR, wenn das Optionsfeld "Prüfen" gewählt ist und
zeigt die Druckform des Dokumentes am Bildschirm an.

*Teile* = eine Zahl, die angibt, was zu drucken ist:

      1 = Arbeitsblatt;

      2 = Notizen;

      3 = Beides.

<u>D</u>atei **Druck<u>e</u>reinrichtung...**

**DRUCKER.EINRICHTUNG?(Drucker_Text)**
aktiviert einen angeschlossenen Drucker. *Drucker_Text* wird in folgender Form verwendet: "DRUCKERNAME angeschlossen an DRUCKERPORT:".

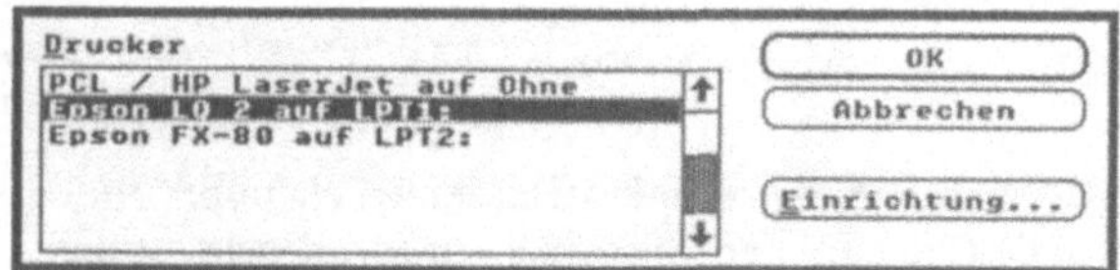


Anm.: In der MS-WINDOWS Vollversion können Tastenfolgen zur Einstellung des Druckers gesendet werden. Die entsprechende Makrofunktion heißt TASTENF.SENDEN() und die Tastenschlüssel stehen im Kapitel 5.2 Die Tastencodes.

<u>O</u>ptionen **Druck<u>t</u>itel festlegen**

**DRUCKTITEL.FESTLEGEN( )**
legt die aktive Auswahl unter dem Namen "Drucktitel" fest. Dieser Bereich soll auf jeder Druckseite wieder erscheinen.

**DSCHLIESSEN(Dateinummer)**
schließt eine Text-Datei, die durch die Makrofunktion DLADEN( ) geladen wurde und daher eine *Dateinummer* zugewiesen bekam. Ist *Dateinummer* ungültig, wird der Fehlerwert #WERT! gemeldet.

**DSCHREIBEN(Dateinummer;Text)**
schreibt *Text* in eine Datei, die mit DLADEN( ) geladen wurde, an die aktuelle Position. Die Zugriff-Zahl von DLADEN( ) darf nicht 2 für Nur-Lese-Zugriff sein. *Dateinummer* wurde von DLADEN( ) vergeben.

**DSCHREIBEN.ZEILE(Dateinummer;Text)**
schreibt *Text* in eine Datei, die mit DLADEN( ) geladen wurde, an die aktuelle Position und fügt zusätzlich noch das Steuerzeichen für Wagenrücklauf und Zeilenvorschub ein. Die Zugriff-Zahl von DLADEN( ) darf nicht 2 für Nur-Lese-Zugriff sein. *Dateinummer* wurde von DLADEN( ) vergeben.

**ECHO***(Wahrheitswert)*
steuert die Bildschirmaktualisierung während der Ausführung eines Makros. Ist der *Wahrheitswert* FALSCH bleibt der Bildschirm ruhig, bei WAHR wird der Bildschirm aktualisiert. Wenn der *Wahrheitswert* fehlt, wird jeweils der ECHO-Modus umgeschaltet.

Stößt der Makro auf einen Rücksprung, wird der Bildschirm wieder aktualisiert.

Anm.: Die Ausführung von Befehlsmakros wird beschleunigt, wenn die Bildschirmausgabe ausgeschaltet ist und nur bei Bedarf aktiviert wird, die Oberfläche wird ruhiger.

## Bearbeiten **Einfügen**   UMSCHALT+EINFG

**EINFÜGEN( )**
fügt den Inhalt der Zwischenablage an der aktuellen Cursorposition ein. Dies kann auch die Bearbeitungszeile sein, wenn daraus kopiert wurde.


**EINGABE(Aufforderungstext;Typ;*Überschrift;Vorgabe;***
**x_Position;y_Position)**
zeigt ein Eingabe-Dialogfeld an und meldet die eingegebenen Daten an die Funktion zurück.
*Aufforderungstext* soll als kurzer Text erläutern, welche Eingabe erwartet wird.

*Typ* legt den Eingabe-Datentyp als Zahl fest:

> 0 = Formel,
>
> 1 = Zahl;
>
> 2 = Text;
>
> 4 = Wahrheitswert;
>
> 8 = Bezug;
>
> 16 = Fehlerwert;
>
> 64 = Matrix.

Wenn die Typzahl eine Summe der Datentypzahlen ist, sind mehrere Datentypen für die Eingabe erlaubt. Stimmt die Eingabe nicht mit dem Datentyp überein, und kann MS-EXCEL nicht selbst anpassen, erscheint eine Fehlermeldung.

*Überschrift* enthält als Text eine Überschriftzeile für das Dialogfeld. Fehlt das Argument, wird "Eingabe" angezeigt.
Vorgabe ist ein Vorgabewert in Textform und wird im Eingabefeld angezeigt. Fehlt die Vorgabe, ist das Eingabefeld leer.

*x_Position* gibt den Abstand des Dialogfensters in Bildpunkten vom linken Bildschirmrand an.

*y_Position* gibt den Abstand des Dialogfensters in Bildpunkten vom oberen Bildschirmrand an.

Fehlen die letzten beiden Argumente richtet MS-EXCEL das Dialog-
fenster automatisch mitten auf dem Bildschirm aus.

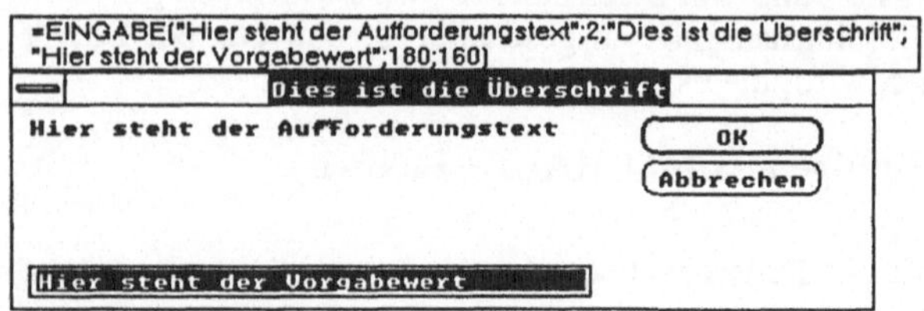


### EINGABE.SPERREN(Wahrheitswert)

sperrt alle Eingaben mit Tastatur und Maus in MS-EXCEL, wenn
*Wahrheitswert* WAHR ist; bei FALSCH wird die Sperrung wieder
aufgehoben. Die Sperrung bezieht sich nicht auf Dialogfelder.

Anm.: Besonders um den dynamischen Datenaustausch über die
DDA-Schnittstelle nicht zu stören, können unerwünschte
Eingaben oder Unterbrechungen gesperrt werden.

### EINGABEFELD.VORHER( )    SHIFT+TAB

wechselt das aktive Feld in einer geschützten Tabelle zum vorherigen
nicht gesperrten Feld.

### EINGABEFELD.WEITER( )     TAB

wechselt das aktive Feld in einer geschützten Tabelle zum nächsten
nicht gesperrten Feld.

### EINZELSCHRITT( )

hält einen Makro vor der Berechnung eines jeden Feldes an und zeigt
in einem verschiebbaren Fenster Feldbezeichnung und Formel an.
Der Makro kann Schritt für Schritt ausgeführt werden, aber auch
weiter laufengelassen und an beliebiger Stelle gestoppt werden.

Anm.: Bei der Einzelschrittkontrolle sollte die Bildschirmanzeige
ECHO(FALSCH) nicht abgestellt sein. Ebenso sehen Sie
Vorgänge in verborgenen Dokumenten VERBERGEN( )
nicht. Entfernen Sie kurzfristig das Gleichheitszeichen vor
der entsprechenden Funktion zum Testen, dann wird sie nur
als Kommentar interpretiert.

### ENDE.AUSWÄHLEN(Richtungszahl)

bewegt das aktive Feld in die angegebene Richtung auf das letzte
Feld in der geschlossenen Feldfolge, also bis vor die nächste Lücke
bzw. bis zum letzten Feldeintrag. *Zugriffszahl*:

1 = nach links STRG+Cursor-LINKS;

2 = nach rechts STRG+Cursor-RECHTS;

$3$ = nach oben   STRG+Cursor-HOCH;

$4$ = nach unten   STRG+Cursor-TIEF;

**? Excel-Info...**

zeigt Informationen zur Speicherverwaltung von MS-EXCEL an.

**ERGEBNIS(Typzahl)**

gibt den Datentyp für die Ausgabe eines Funktionsmakros an.

*Typzahl* :

    $1$ = Zahl;

    $2$ = Text;

    $4$ = Wahrheitswert;

    $8$ = Bezug;

   $16$ = Fehlerwert;

   $64$ = Matrix.

Für Zahlen, Text und Fehlerwerte kann *Typzahl* auch eine Summe sein, also auch verschiedenen Datentypen angehören. Fehlt die *Typzahl*, wird 7 für Zahl, Text oder Wahrheitswert angenommen.

Formel **Ersetzen...**   siehe FORMEL.ERSETZEN( )

**FEHLER(Aktivieren;*Makrobezug*)**

gibt an, welche Aktion ausgelöst wird, falls während der Ausführung eines Makros ein Fehler auftritt.

Ist *Aktivieren* FALSCH, wird die gesamte Fehlerprüfung deaktiviert. Der Makro fährt ohne Prüfung und Fehleranzeige fort.

Ist *Aktivieren* WAHR, wird der Befehlsmakro im Makrobezug ausgeführt. Bei der normalen Fehlerprüfung würde das Fehler-Dialogfeld für die schrittweise Ausführung oder den Stop angezeigt.

*Makrobezug* ist ein Bezug im A1-Format oder ein externer Bezug auf eine geladenen Makrovorlage.

**FELD.ZUORDNEN(Infotyp;*Bezug*)**

liefert Feldinformationen über das Feld in der linken oberen Ecke des ersten Bereiches im *Bezug*. Ist nur ein Feld aktiv, dann ist dieses gemeint. Fehlt das Argument *Bezug*, dann ist die aktive Auswahl der Bezug. Es werden 23 Infotypen unterschieden:

1 =    der Bezug des obersten linken Feldes im Bezug als Text.

2 =    die Zeilenzahl des obersten Feldes im Bezug.

3 =    die Spaltenbezeichnung des am weitesten links stehenden Feldes im Bezug.

4 =    der Typ des Feldes (Bezug).

5 =    der Inhalt des Bezugs.

6 =    die Formel im Bezug als Text.

7 =    die Formatierung des Feldes als Text.

8 =    eine Zahl für die Ausrichtung des Feldes:
       1 = Standard;
       2 = linksbündig;
       3 = rechtsbündig;
       4 = Ausfüllen

9 =    WAHR, wenn das Feld einen linken Rand hat, sonst FALSCH.

10 =   WAHR, wenn das Feld einen rechten Rand hat, sonst FALSCH.

11 =   WAHR, wenn das Feld einen oberen Rand hat, sonst FALSCH.

12 =   WAHR, wenn das Feld einen unteren Rand hat, sonst FALSCH .

13 =   WAHR, wenn das Feld schraffiert ist, sonst FALSCH.

14 =   WAHR, wenn das Feld gesperrt ist, sonst FALSCH.

15 =   WAHR, wenn das Feld verborgen ist, sonst FALSCH.

16 =   Spaltenbreite des Feldes, gemessen in Zeichen für die Schriftart 1 des aktiven Dokumentes.

17 =   Zeilenhöhe des Feldes, gemessen in Punkten.

18 =   Name der gewählten Schriftart im Feld als Text.

19 =   Größe der gewählten Schriftart im Feld, gemessen in Punkten.

20 =   WAHR, wenn Feldinhalt fett gedruckt ist, sonst FALSCH.

21 =   WAHR, wenn Feldinhalt kursiv gedruckt ist, sonst FALSCH.

22 =   WAHR, wenn Feldinhalt unterstrichen gedruckt ist, sonst FALSCH.

23 =    WAHR, wenn Feldinhalt durchgestrichen gedruckt ist, sonst
        FALSCH.

## Format **Feldschutz**...

**FELDSCHUTZ?** *(Gesperrt;Formel_verbergen)*
gibt die Felder in der aktiven Auswahl für eine Eingabe frei, wenn
das Argument *Gesperrt* FALSCH ist. Die Felder werden mit einer
gepunkteten Linie dargestellt, wenn die Tabelle mit DA-
TEI.SCHÜTZEN( ) vollständig geschützt wird. Standardmäßig ist
die Option *Gesperrt* gewählt und damit WAHR.
Wenn *Formel_verbergen* WAHR ist, werden die Rechenformeln in
der Bearbeitungszeile nicht angezeigt. FALSCH macht die Wahl
wieder rückgängig.

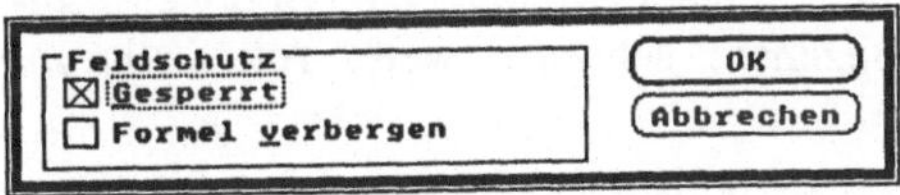


## FENSTER( )
liefert die Namen aller Fenster in der Bildschirmanzeige als horizontale Textmatrix in der Reihenfolge ihrer Ebenen. Der erste Ein-
trag ist das aktive Fenster. Einzelne Fenster können mit der Funktion
INDEX( ) ausgewählt werden.

Anm.: FENSTER( ) muß als Matrix eingegeben werden.

## Optionen **Fenster fixieren**

## Optionen **Fensterfixierung aufheben**

**FENSTER.FIXIEREN(Wahrheitswert)**
fixiert die Teilung des aktiven Fensters, wenn der Wahrheitswert =
WAHR ist, bei FALSCH wird die Fixierung aufgehoben, und die
Form des Fensters kann wieder verändert werden.

**FENSTER.ZUORDNEN(Infotyp;***Name***)**
liefert Informationen über das Fenster *Name* oder, wenn Name fehlt,
über das aktive Fenster.

Infotyp ist eine Zahl und hat folgende Bedeutung:

1 =    Name des Dokumentes im Fenster als Text.

2 =    Nummer des Fensters Name.

3 =    x-Position des linken Fensterrandes, gemessen in Bildpunk-
       ten zum linken Bildschirmrand.

4 =    y-Position des oberen Fensterrandes, gemessen in Bildpunk-
       ten zum oberen Bildschirmrand.

5 =    Fensterbreite, gemessen in Bildpunkten.

6 = Fensterhöhe, gemessen in Bildpunkten.

7 = WAHR, wenn Fenster verborgen ist, sonst FALSCH.

Die folgenden Infotypen gelten nur für Tabellen und Makrovorlagen:

8 = WAHR, wenn Formeln angezeigt werden, sonst FALSCH.

9 = WAHR, wenn Gitternetzlinien angezeigt werden, sonst FALSCH.

10 = WAHR, wenn Kopfbereiche angezeigt werden, sonst FALSCH.

11 = WAHR, wenn Nullwerte angezeigt werden, sonst FALSCH.

12 = eine Zahl von 0 bis 8. Bei 0 werden die Farben automatisch laut Ihrer MS-WINDOWS Konfiguration ausgewählt. Die Farben 1 bis 8 kann man der Farbskala unter Optionen *Bildschirmanzeige* entnehmen: schwarz; weiß; rot; hellgrün; blau; gelb; magenta; zyan.

Infotyp 13-16 geben horizontale numerische Matrizen aus. Sie geben an, an welchen Zeilen und Spalten die Ränder der Unterfenster des Fensters Name bilden. Die Ergebnisse kann die Funktion TEILEN( ) als Argumente benutzen:

13 = äußerste linke Spalte für jedes Unterfenster.

14 = oberste Zeile für jedes Unterfenster.

15 = äußerste rechte Spalte für jedes Unterfenster.

16 = unterste Zeile für jedes Unterfenster.

17 = die Nummer des aktiven Unterfensters:

    1 = oben links;

    2 = oben rechts;

    3 = unten links;

    4 = unten rechts.


<u>M</u>uster <u>F</u>lächen   siehe MUSTER.FLÄCHEN()                [DIA]

Forma<u>t</u> <u>B</u>ewegen                                        [DIA]

**FORMAT.BEWEGEN?(x_Position;y_Position)**
bewegt die Basis des ausgewählten Gebildes im Diagramm zu der durch die Argumente angegebene neue horizontale und vertikale Position. Bezugspunkt ist die linke untere Fensterecke. Gebilde sind Textbeschriftungen, Pfeile oder Diagrammsegmente.


Format <u>G</u>röße                                               [DIA]

**FORMAT.GRÖSSE?(Breite;Höhe)**
legt die neue Ausdehnung für das ausgewählte Gebilde im Diagramm fest. Für Kreisdiagramme kann keine Größe festgelegt werden.

Format <u>L</u>egende...

**FORMAT.LEGENDE?(Position)**
legt die Anordnung einer Legende im Diagramm durch die Zahl von
Position fest:

> 1 = unten quer;

> 2 = Ecke;

> 3 = oben quer;

> 4 = seitlich rechts.

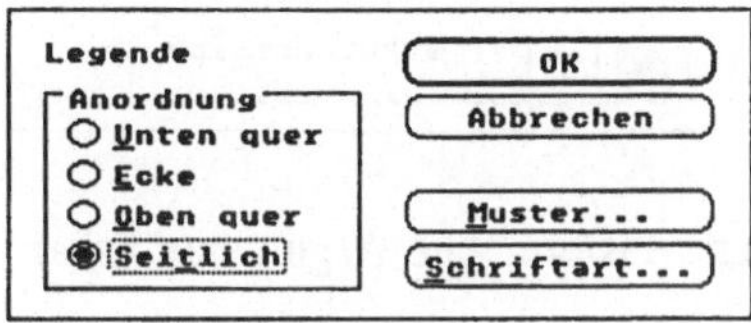

Format **Zahlenformat**

**FORMAT.LÖSCHEN(Formattext)**
löscht ein gültiges angewendetes Zahlenformat aus dem Dokument.

*Formattext* wird als Formatierung in Textform angegeben. Es entspricht den Standardformaten oder selbst definierten Formaten.

Format **Schriftart...**                          [TAB,MAKRO]

**FORMAT.SCHRIFTART?(Name;Größe;Fett;Kursiv;**
                     **Unterstreichen;Durchstreichen)**

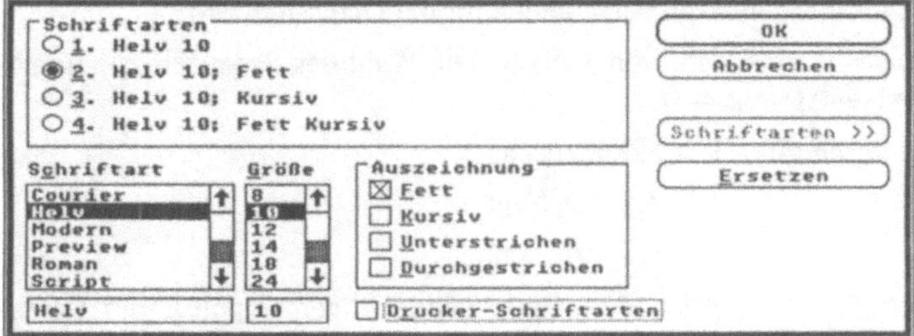

## FORMAT.SCHRIFTART?(Farbe;Hintergrund;Gilt_für;Name; Größe;Fett;Kursiv;Unterstreichen; Durchstreichen) [DIA]

```
Schriftart        Größe    ┌Auszeichnung─┐              ┌─────────────┐
Courier        ↑  8    ↑   │ ☐ Fett      │              │     OK      │
Helv              10       │ ☐ Kursiv    │              └─────────────┘
Modern            12       │ ☐ Unterstrichen │          ┌─────────────┐
Preview           14       │ ☐ Durchgestrichen │        │  Abbrechen  │
Roman             18       └─────────────┘              └─────────────┘
Script         ↓  24   ↓                                ┌─────────────┐
Helv              10      ☐ Drucker-Schriftarten        │  Muster...  │
                                                        └─────────────┘
┌Hintergrund─┐                                          ┌─────────────┐
│ ⦿ Automatisch │                                       │  Legende... │
│ ○ Unsichtbar  │      ┌Farbe──────────────────┐        └─────────────┘
│ ○ Hervorheben │      │ ■ ☐ ■ ☐ ■ ☐ ☐  ⦿ Automatisch │
└─────────────┘        └───────────────────────┘
```

formatiert Text nach vorgegebenen Mustern. Die Argumente haben die folgende Bedeutung:

*Name* = der Name einer ausgewählten Schriftart als Text; Namensbezeichnungen werden in der Dialogfeldform angezeigt und stehen auch in der WIN.INI-Datei.

*Größe* =  die Größe der Schriftart in Punkten.

*Fett* = WAHR, wenn fett gewählt ist, sonst FALSCH.

*Kursiv* = WAHR, wenn kursiv gewählt ist, sonst FALSCH.

*Unterstreichen* = WAHR, wenn unterstreichen gewählt ist, sonst FALSCH.

*Durchstreichen* = WAHR, wenn durchstreichen gewählt ist, sonst FALSCH.

Die folgenden Argumente gelten für die Diagrammform:

*Farbe* = eine Zahl von 1 bis 8. Die Wahl des Schaltfeldes automatisch entspricht = 0.

*Hintergund*:   1 = automatisch;

2 = durchsichtig;

3 = hervorheben.

*Gilt_für* = entspricht dem Optionsfeld "Allgemeingültig" für Daten-Texthinweise

Anm.: Falls die angegebene Schriftart nicht verfügbar ist, sucht MS-EXCEL nach der, die der Auswahl am nächsten kommt.

Format Text...
## FORMAT.TEXT?(x_Ausrichtung;y_Ausrichtung;Senkrecht; Zugeordnet_Text;Zugeordnet_Größe; Schlüssel_zeigen;Wert_zeigen)

formatiert den ausgewählten Text im Diagramm. Die Argumente haben folgende Bedeutung:

*x_Ausrichtung* = eine Zahl für die horizontale Ausrichtung:

  1 = linksbündig;

  2 = zentriert;

  3 = rechtsbündig.

y_Ausrichtung = eine Zahl für die vertikale Ausrichtung:

  1 = oben;

  2 = Mitte;

  3 = unten.

*Senkrecht* = ordnet Text vertikal von oben nach unten an.

*Zugeordnet_Text* = WAHR, wenn Text einem Diagrammelement zugeordnet ist, verändert wurde und der ursprüngliche Text wieder angezeigt werden soll.

*Zugeordnet_Größe* = WAHR, wenn die veränderte Rahmengröße wieder automatisch zugeordnet werden soll; sonst FALSCH.

*Schlüssel_zeigen* gibt die Nummer des Ausführungsmusters einer Datenreihe oder eines Datenpunktes, die dem Text zugeordnet ist, an.

*Wert_zeigen* gibt die Datenpunktgröße des dem Text zugeordneten Datenpunktes an.

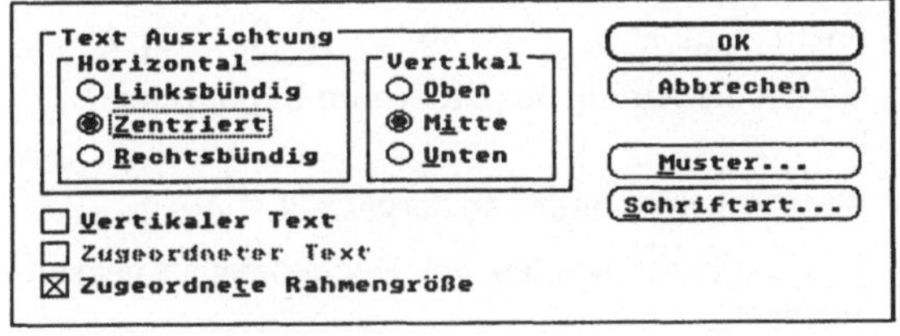


## Format Zahlenformat...

**FORMAT.ZAHLENFORMAT?(Formattext)**
ordnet einer Zahl oder einem Wert eine Formatierung zu.
*Formattext* ist eine Format-Zeichenfolge in Textform. Zahlenformate

sind in der Standarddialogfeldform vorgegeben oder können  mit den vorgegebenen Elementen selbst definiert werden.

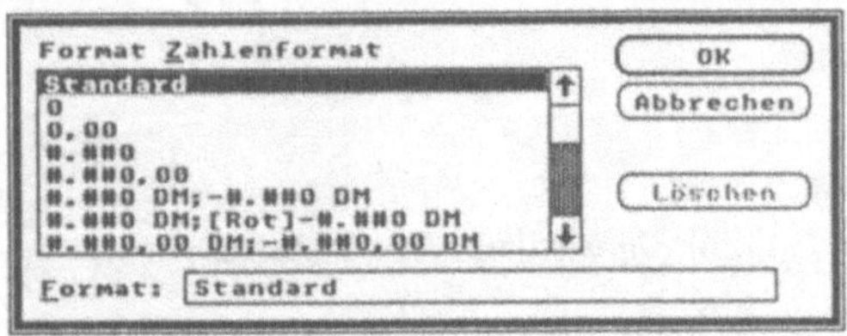

Kombinierbare Formatsymbole für Zahlenformate:

| | |
|---|---|
| **Standard** | Darstellung im Standardformat; |
| **0** | Platzhalter für eine Ziffer; führende Nullen werden dargestellt; Nachkommastellen werden auf die letzte mit 0 vorbesetzte Stelle gerundet. |
| **#** | Platzhalter für eine Ziffer; unterdrückt führende Nullen. |
| **,** | bestimmt mit # und 0 zusammen die Vor- und Nachkommastellen. |
| **%** | markiert Prozentwerte; die eingegebene Zahl wird durch 100 geteilt und mit dem %-Zeichen dargestellt. |
| **.** | Tausenderpunkt zur übersichtlicheren Zahlengestaltung. |
| **E- e- E+ e+** | Gleitkommaformat; die Werte rechts vom E- bestimmt die Anzahl der Ziffern im Exponenten. |
| **: - + Leerzeichen DM** | diese Zeichen werden so dargestellt. |
| **"Text"** | Zeichenfolgen werden mit Hochkommata gekennzeichnet. |
| **** | ein einzelnes Zeichen kann durch den Backslash maskiert werden, der selbst nicht dargestellt wird. |
| ***** | das folgende Zeichen wird wiederholt, bis die Spaltenbreite ausgefüllt ist. |
| **@** | Platzhalter für Text; die Formatierung des @-Zeichens wird übernommen. |

Kombinierbare Formatsymbole für Zeitformate:

| | |
|---|---|
| **M MM MMM MMMM** | Monatsformatierung; |
| M | Zahl ohne führende Null; |
| MM | Zahl mit führender Null; |
| MMM | Monat auf drei Buchstaben gekürzt; |
| MMMM | Monat ausgeschrieben. |
| **T TT TTT TTTT** | Tagesformatierung; |
| T | Zahl ohne führende Null; |
| TT | Zahl mit führender Null; |
| TTT | Tag auf drei Buchstaben gekürzt; |
| TTTT | Wochentag ausgeschrieben. |
| **JJ JJJJ** | Jahresformat; |
| JJ | Jahreszahl ohne Jahrhundert; |
| JJJJ | Jahreszahl mit Jahrhundert. |
| **h hh** | Stundendarstellung; |
| h | ohne führende Null; |
| hh | mit führender Null. |
| **m mm** | Minutendarstellung; |
| m | ohne führende Null; |
| mm | mit führender Null. |
| **s ss** | Sekuundendarstellung; |
| s | ohne führende Null; |
| ss | mit führender Null. |
| **AM/PM A/P am/pm a/p** | 12-Stunden Einteilung mit Vormittag- und Nachmittaganzeige. |

Formatsymbole für Farben:[Schwarz]; [Weiß]; [Rot]; [Hellgrün]; [Blau]; [Gelb]; [Magenta]; [Zyan]

Die Formate ändern die Farben für alle Zeichen im entsprechenden Feld.

**FORMEL(Formel;*Bezug*)**  [TAB][DIA]

entspricht der Eingabe einer Formel in ein Feld. Fehlt *Bezug*, wird die Formel in das aktive Feld eingegeben.

*Formel* kann Zahl, Text, Wahrheitswert, aber auch Formel oder Funktion sein. Alle Bezüge in Formeln müssen im Z1S1-Format eingegeben werden.

Im Diagramm kann die Funktion FORMEL() Text oder DATEN-REIHE-Funktionen eingegeben werden.

Anm.: Zur Darstellung von Anführungszeichen in Texten müssen bei der Eingabe von Textwerten durch FORMEL() zwei Gruppen von Anführungszeichen eingegeben werden.


**FORMEL.AUSFÜLLEN(Formel;*Bezug*)**
gibt die angegebene Formel in den durch Bezug angegebenen Bereich ein. Es entspricht dem Drücken der STRG-Taste bei der Eingabe einer Formel.


Formel **Ersetzen...**

**FORMEL.ERSETZEN?(Suchtext;Ersatztext;Vergleiche;**
                                   **Suche_nach;Aktuelles_Feld)**
ersetzt den *Suchtext* durch den *Ersatztext*. Der *Suchtext* kann die Stellvertreterzeichen ? und * enthalten. Falls ? oder * gesucht werden, muß ihnen eine Tilde ~ vorangehen.

Ist das Argument *Vergleiche* = 1, wird der Suchtext als Ganzes mit den Zellinhalten verglichen, bei 2 wird der Suchtext auch als Teil des Vergleichstextes gesucht.

Bei *Suche_nach* = 1 wird die Tabelle zeilenweise durchsucht, bei *Suche_nach* = 2 wird spaltenweise gesucht.

*Aktuelles_Feld* ist ein Wahrheitswert. Bei WAHR wird nur im aktuellen Feld ersetzt, bei FALSCH oder nicht angegeben, wird in der gesamten Auswahl ersetzt. Ist die Auswahl nur ein Feld, wird in der gesamten Tabelle ersetzt!

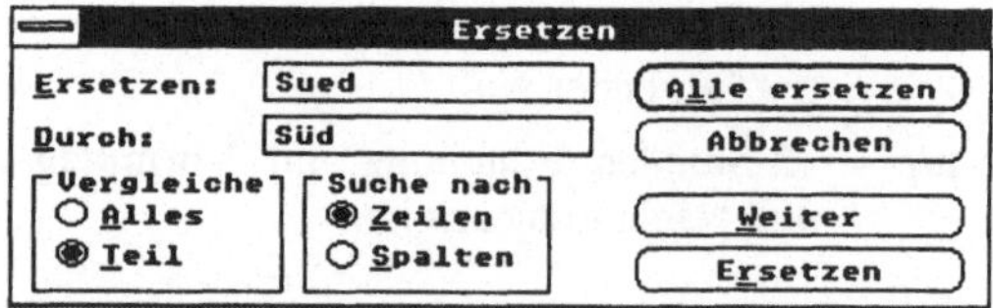


Formel **Gehe zu...**                                                    F5

**FORMEL.GEHEZU?(Bezug)**
macht den Bezug zur aktiven Auswahl. Bezug ist ein externer Bezug im A1-Format oder ein Bezug im Z1S1-Format als Text. Häufig werden aber auch Namen verwendet. Die Absprungposition merkt

sich MS-EXCEL, so daß man mit Wiederholung des Befehls wieder zurückspringen kann.

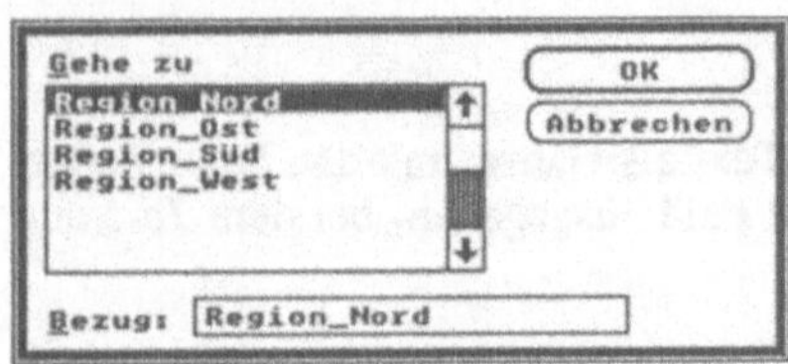


**Formel Funktion einfügen...**                    UMSCHALT+F3
fügt eine Tabellenfunktion, auf Wunsch mit Vorgabe der Argumente, in das aktive Feld einer Tabelle oder Makrovorlage ein. Falls die Funktion mehrere Ausprägungsformen hat, wie z.B. INDEX(), muß anhand der Argumentenliste eine Form ausgewählt werden.

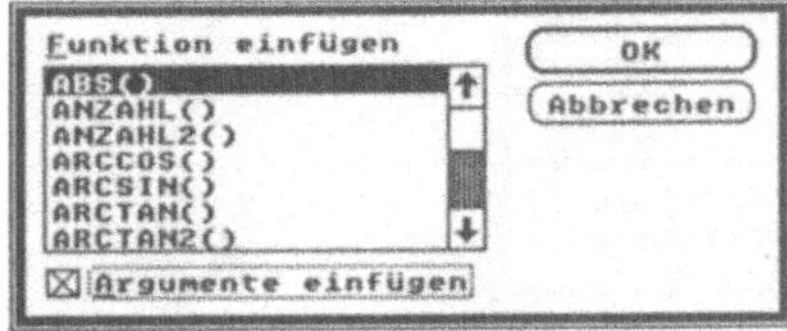


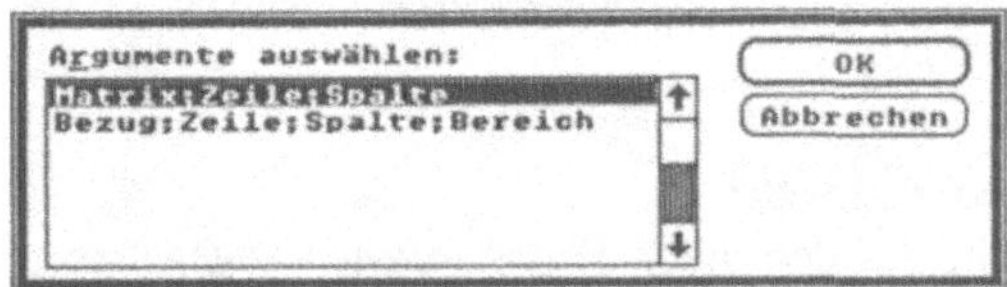


**FORMEL.MFORMEL(Formel;*Bezug*)**
gibt die angegebene Formel als Matrixformel in den angegebenen Bezug oder die aktuelle Auswahl ein. Dies entspricht dem Drücken der UMSCHALT+STRG+EINGABE-Taste beim Bestätigen der Formel.

**Formel Suchen...**                    UMSCHALT+F5
**FORMEL.SUCHEN?(Text;In_Zahl;Vergleiche_Zahl;Nach_Zahl; *Richtung*)**
sucht nach der Formel, die durch *Text* angegeben wird.

*In_Zahl* = eine Zahl, die die Suche eingrenzt:

> 1 sucht nach Formeln ;

> 2 sucht nach Werten ;

> 3 sucht nach Notizen.

Bei *Vergleiche_Zahl* = 1 wird Text als Ganzes mit den Feldinhalten verglichen. Bei 2 wird auch ein Feld ausgegeben, bei dem *Text* nur ein Teil der Formel ist.

*Nach_Zahl* = 1 sucht zeilenweise,

> 2 sucht spaltenweise.

*Richtung* gibt die Suchrichtung an:

> 1 = weiter, nach unten;

> 2 = vorher, bzw.rückwärts.

Wird keine Übereinstimmung gefunden, meldet die Funktion FALSCH zurück.

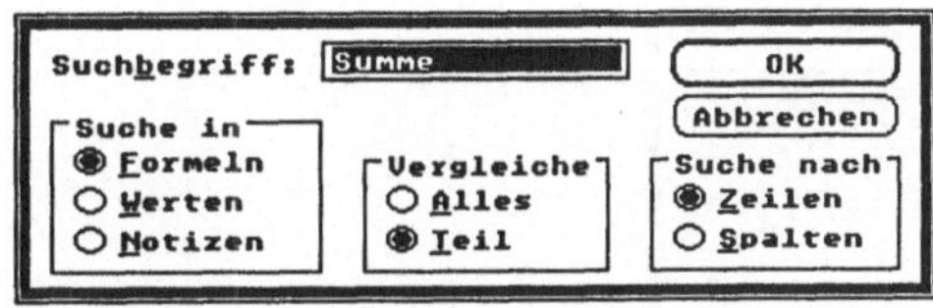


## FORMEL.SUCHEN.VORHER( )  UMSCHALT+F7

sucht das vorhergehende Feld, das den unter Formel Suchen angegebenen Suchkriterien entspricht.

## FORMEL.SUCHEN.WEITER( )  F7

sucht das nächste Feld, das den unter *Formel Suchen* angegebenen Suchkriterien entspricht.

## FORMEL.ZUORDNEN(Bezug)

liefert den Inhalt des Feldes in der linken oberen Ecke von Bezug, wie er in der Bearbeitungszeile angezeigt wird, als Text im Z1S1-Format.

## FÜR(Zählername;Anfang;Ende;*Schrittweite*)

startet eine FÜR-WEITER-Schleife. Zählername wird als Name in Textform festgelegt und vor Durchlauf der Schleife auf den Wert Anfang gesetzt. Bei Erreichen von WEITER() wird *Zählername* um den Wert *Schrittweite* erhöht; falls dieser nicht angegeben ist, wird um 1 erhöht. Sobald *Zählername* größer als der Wert im Argument Ende ist, wird mit der Anweisung nach WEITER() fortgefahren. Ist

der Ende-Wert noch nicht erreicht, wird die Schleife erneut durchlaufen.

Optionen **Ganze Menüs**  siehe KURZMENÜS( )

Diagramm **Ganze Menüs**  siehe KURZMENÜS( )

Formel **Gehezu**  siehe FORMEL.GEHEZU( )                    F5

**GEHEZU(Bezug)**
verzweigt einen Makro zum Feld in der linken oberen Ecke von *Bezug*.

*Bezug* kann auch extern sein. Auch hier werden häufig Namen verwendet.

Anm.: Beim Sprung zu einer externen Makrovorlage muß diese geladen sein. Externe Sprünge sollte man im allgemeinen vermeiden und durch Unterprogramm-Aufrufe ersetzen (siehe Unterprogramme:).

Optionen **Berechnen** - "Genauigkeit wie angezeigt"
**GENAUIGKEIT(Wahrheitswert)**
führt Berechnungen mit der angezeigten Rechengenauigkeit oder Toleranz durch. Bei formatierten Zahlenwerten werden nicht angezeigte Nachkommastellen nicht berücksichtigt.

Achtung! WAHR macht die Wahl der Option "Genauigkeit wie angezeigt" rückgängig, FALSCH wählt die Option.

Diagramm **Gitternetzlinien**
**GITTERNETZLINIEN?(Rubrik_Haupt;Rubrik_Hilfs;**
                    **Größe_Haupt;Größe_Hilfs)**
Sind die Argumente WAHR, werden die zugehörigen Optionsfelder gewählt, sonst nicht.

*Rubrik_Haupt* zeigt die Hauptgitternetzlinien der Rubrikenachse an.

*Rubrik_Hilfs* zeigt die Hilfsgitternetzlinien der Rubrikenachse an.

*Größe_Haupt* zeigt die Hauptgitternetzlinien der Größenachse an.

*Größe_Hilfs* zeigt die Hilfsgitternetzlinien der Größenachse an.

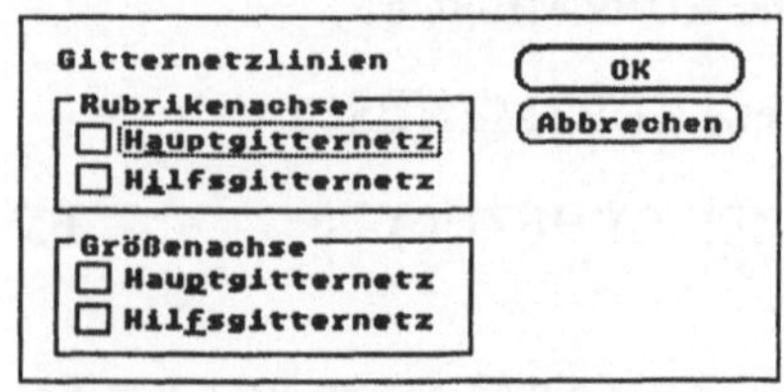


_Systemmenü **Größe ändern**   (Dateifenster)          STRG+F8
                                                RICHTUNGSTASTE

**GRÖSSE(Breite;Höhe;*Fenster_Text*)**
ändert die Größe des Fensters *Fenster_Text* oder des aktiven Fensters. Die linke obere Fensterecke bleibt an ihrer alten Position und
die rechte untere Ecke ist davon um den Abstand *Breite* und *Höhe* in
Bildpunkten gemessen entfernt.

Format **Hauptdiagramm**...

**HAUPTDIAGRAMM(Art;Stapel;100;Verschieden;Überlappung;
Bezugsl;Spannweite;Überlappung%;Gruppe;Winkel)**
Die Art des Hauptdiagramms ist bei:

    1 = Flächen,

    2 = Balken,

    3 = Säulen,

    4 = Linien,

    5 = Kreis,

    6 = Punkt.

Die folgenden Argumente werden mit WAHR gewählt bzw. es wird
mit FALSCH die Wahl rückgängig gemacht:

*Stapel* = WAHR, wenn die Größe der ersten Datenreihe an der Rubrikenachse gemessen wird, die Größe der zweiten Datenreihe an der
ersten usw.

*100* = WAHR, wenn die Summe der verschiedenen Rubrikenwerte
relativ auf 100% hochgerechnet wird, vgl. Muster Säulen Typ 5.

*Verschieden* = WAHR, wenn bei einer einzigen Datenreihe alle Muster verschieden dargestellt werden sollen.

*Überlappung* = WAHR wählt Optionsfeld Überlappt.

*Bezugsl* = WAHR, wenn die Bezugslinien sich an der Größe der
Rubriken orientieren sollen, vgl. Muster Fläche Typ 3.

*Spannweite* = WAHR, wenn eine Linie von der kleinsten zur größten Rubrik angezeigt werden soll, vgl. Muster Linie Typ 7.

Die letzten Argumente enthalten Zahlenwerte:

*Überlappung* % gibt die Überlappung bei Säulen- und Balkendiagrammen in %-Werten der Breite einer Säule oder eines Balkens an.

*Gruppe* = gibt den Gruppenabstand in %-Werten an.

*Winkel* = gibt den Winkel zum ersten Kreisdiagrammsegment in Grad an, um den dieses im Uhrzeigersinn aus der 12 Uhr Position verschoben ist.



Die folgende Tabelle zeigt an, welche Argumente für welche Diagramm-Art gelten:

| | Flächen | Balken | Säulen | Linien | Kreis | Punkt |
|---|---|---|---|---|---|---|
| Stapel | x | x | x | x | | |
| 100 | x | x | x | x | | |
| Verschieden | | x | x | x | x | x |
| Überlappung | | x | x | | | |
| Bezuglsl | x | | | x | | |
| Spannweite | | | | x | | |
| Überlappung% | | x | x | | | |
| Gruppe | | x | x | | | |
| Winkel | | | | | x | |

**HAUPTDIAGRAMM(Art)** [MacIntosh]

entspricht der Funktion HAUPTDIAGRAMM() und ist kompatibel zum Apple MacIntosh Rechner.

# Hilfe (?) UMSCHALT+F1

**HILFE** *(Hilfe_Bezug)*

zeigt den im Bezug angegebenen Hilfepunkt an oder bei Fehlen von *Hilfe_Bezug* die EXCEL-Hilfe an.

*Hilfe_Bezug* hat das Format Dateiname!Punktnummer als Text und zeigt in einem Fenster den Text an, der in der Textdatei "Dateiname" unter der Zahl Punktnummer abgelegt ist.

Vergleiche! *4.2.1.4 Anwenderhilfen in Menüs und Dialogfeldern*

## ? Index...

zeigt den Hilfe-Index in einem eigenen Fenster an.

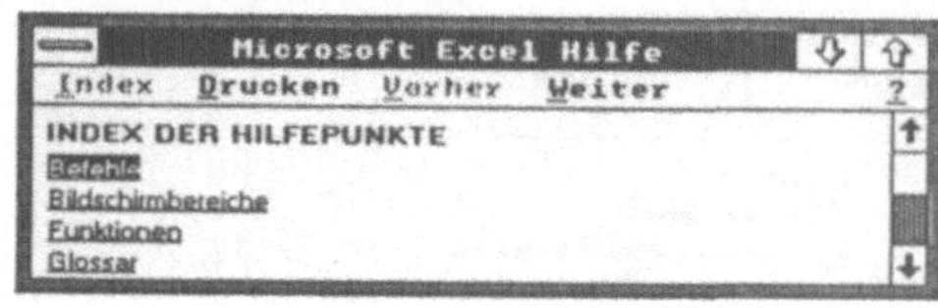

# Fenster Info zeigen STRG+F2

# Fenster Dokument zeigen

**INFO.ZEIGEN(Wahrheitswert)**

aktiviert bei *Wahrheitswert* = WAHR das Info-Fenster zur aktiven Datei. Ist das Info-Fenster aktiv, kehrt FALSCH zum verknüpften Dokument zurück und schließt das Info-Fenster.

# Formel Inhalte auswählen...

**INHALTE.AUSWÄHLEN** *(Typzahl;Wertetyp;Ebene)*

wählt den Inhalt eines Feldes in Abhängigkeit der Argumente aus, um diese weiter zu verarbeiten.

*Typzahl* ist ein Zahlenwert mit folgender Bedeutung:

    1 = Notizen;

    2 = Konstanten;

    3 = Formeln;

    4 = leere Felder;

    5 = aktueller Bereich;

6 = aktuelle Matrix;

7 = Zeilenunterschiede;

8 = Spaltenunterschiede;

9 = vorrangige Felder;

10 = abhängige Felder.

*Wertetyp* ist bei Typzahl 2 oder 3 aktiv und schränkt die Auswahl folgendermaßen ein:

1 = Zahlen;

2 = Text;

4 = Wahrheitswerte;

16 = Fehlerwerte.

Die Werte werden addiert, um mehrere Typen auszuwählen.

*Ebene* ist bei Typzahl 9 oder 10 aktiv und bedeutet:

1 = es werden nur direkt verbundene Felder ausgewählt.

2 = es werden Felder auf allen Ebenen ausgewählt.

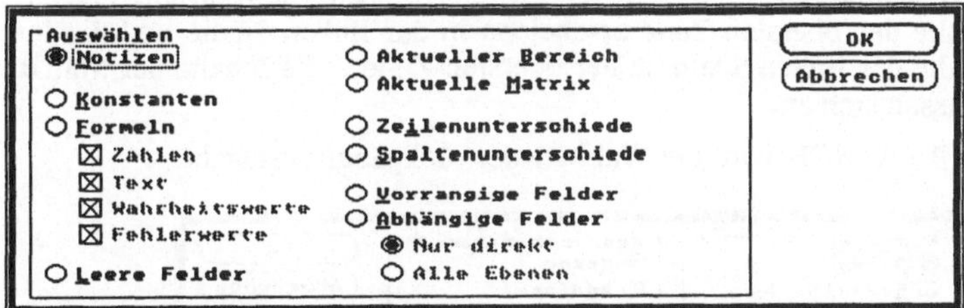


<u>B</u>earbeiten <u>I</u>nhalte einfügen...          STRG+EINFG   [DIA]

**INHALTE.EINFÜGEN?(Inhalt)**
fügt kopierte oder ausgeschnittene Feldinhalte eines Diagramms in ein anderes Diagramm ein.

*Inhalt* ist eine Zahl, die angibt, was eingefügt werden soll:

1 = Alles;

2 = Formate;

3 = Formeln.

<u>B</u>earbeiten <u>I</u>nhalte einfügen...                   [TAB MAKRO]

**INHALTE.EINFÜGEN?(Inhalt;Operation;Überspringen;**
**                              Transponieren)**
fügt kopierte oder ausgeschnittene Feldinhalte in eine Tabelle oder Makrovorlage ein.

*Inhalt* = eine Zahl, die angibt, was eingefügt werden soll:

> 1 = Alles;
>
> 2 = Formeln;
>
> 3 = Werte;
>
> 4 = Formate;
>
> 5 = Notizen.

*Operation* = eine Zahl, die angibt, welche Rechenoperation beim Einfügen ausgeführt werden soll:

> 1 = Keine;
>
> 2 = addieren;
>
> 3 = subtrahieren;
>
> 4 = multiplizieren;
>
> 5 = dividieren.

*Überspringen* und Transponieren enthalten Wahrheitswerte.

*Überspringen* = WAHR berücksichtigt leere Felder nicht .

*Transponieren* = WAHR tauscht die Achsen der Auswahl: die Inhalte der obersten Zeile erscheinen in der linken Spalte und die Inhalte der linken Spalte in der obersten Zeile. Alle Inhalte der Matrix passen sich an.

Mit FALSCH wird die Wahl wieder rückgängig gemacht.

**Bearbeiten Inhalte einfügen...**                            [DIA+TAB]

**INHALTE.EINFÜGEN?(Zeile_Spalte;Reihe;Rubriken;**
**Anwenden)**

fügt kopierte Tabellenwerte in ein Diagramm ein.

*Zeile_Spalte* = eine Zahl, die angibt, wo die Werte stehen, die zu Datenreihen werden sollen:

> 1 = Zeilen;
>
> 2 = Spalten.

Die restlichen Argumente enthalten Wahrheitswerte und werden mit WAHR gewählt:

*Reihe* = WAHR, verwendet den Reihennamen in der ersten Zeile als Datenreihennamen .

*Rubriken* = WAHR, verwendet den Namen in der ersten Spalte als Rubrikennamen .

*Anwenden* = WAHR, wendet die Rubriken auf alle Datenreihen an. Dabei werden bereits bestehende Namen wieder überschrieben. Eine Warnung muß bestätigt werden.


<u>B</u>earbeiten **Inhalte <u>l</u>öschen...**                               ENTF

**INHALTE.LÖSCHEN?(Zahl)**
löscht Inhalte aus den aktiven Feldern je nach Wert von Zahl:

>    1 = alles;

>    2 = Formate;

>    3 oder ausgelassen = Formeln;

>    4 = Notizen.

Bei der Diagrammform von INHALTE.LÖSCHEN( ) gibt es die Option 4, Notizen, nicht.

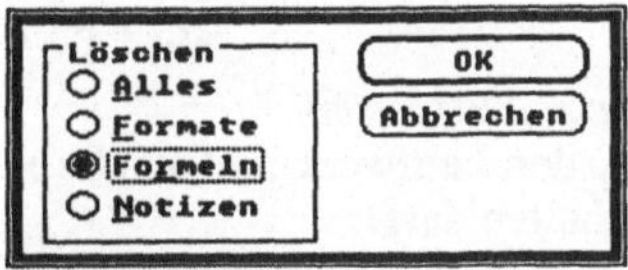



**KANAL.ÖFFNEN(Anwendung_Text;Thema)**
öffnet einen Kanal zum Dynamischen Datenaustausch (DDA).

*Anwendung_Text* ist der DDA-Name der MS-WINDOWS-Anwendung; bei MS-EXCEL ist dieser Name "EXCEL".

*Thema* hängt ebenfalls von der Anwendung ab und beschreibt das Element, worauf zugegriffen werden soll; MS-EXCEL nimmt den Namen der aktuellen Datei als Text oder "SYSTEM" als Thema an.

KANAL.ÖFFNEN( ) liefert eine Kanalnummer bei erfolgreicher Operation zurück.

Anm.: Nur unter MS-WINDOWS Vollversion verfügbar !


**KANAL.SCHLIESSEN(Kanalnummer)**
schließt die Verbindung über die angegebene *Kanalnummer* zu einer DDA-Anwendung. *Kanalnummer* wurde mit KANAL.ÖFFNEN( ) angelegt.

<u>B</u>earbeiten <u>K</u>opieren                                    STRG+EINFG

**KOPIEREN( )**
kopiert die aktive Auswahl in die Zwischenablage zur weiteren Verarbeitung. Beim Einfügen ( STRG EINFG ) bleiben relative Bezüge
zu den in den Formeln angegebenen Bezugsfeldern bestehen. Der
Laufrahmen um die Auswahl wird durch ABBRE
CHEN.KOPIEREN() bzw. die ESC-Taste wieder entfernt.

Anm.: Es können auch markierte Inhalte der Bearbeitungszeile kopiert und in eine andere Bearbeitungszeile wieder eingefügt
      werden.


<u>M</u>uster <u>K</u>reis   siehe MUSTER.KREIS( )

<u>O</u>ptionen <u>K</u>urz<u>m</u>enüs

<u>D</u>iagramm <u>K</u>urz<u>m</u>enüs

**KURZMENÜS(Wahrheitswert)**
bei *Wahrheitswert* = WAHR werden mit Tabellen, Makrovorlagen
und Diagrammen verkürzte Menüs angezeigt, bei FALSCH werden
alle Befehle freigegeben.


<u>D</u>atei <u>L</u>aden...                                        STRG+F12

**LADEN?(Datei_Text;*Aktualisieren_Verkn;Nur_Lesen*)**
lädt die Datei im Argument *Datei_Text,* der Laufwerk und Pfad sowie Stellvertreterzeichen "?"und "*" enthalten darf.

*Aktualisieren_Verkn* ist eine Zahl, die angibt, welche Bezüge aktualisiert werden sollen:

    0 = weder externe noch Fernbezüge;

    1 = nur externe Bezüge;

    2 = nur Fernbezüge;

    3 = beide Bezüge.

*Nur_Lesen* = WAHR macht die geladene Datei schreibgeschützt, FALSCH gibt die Datei frei.

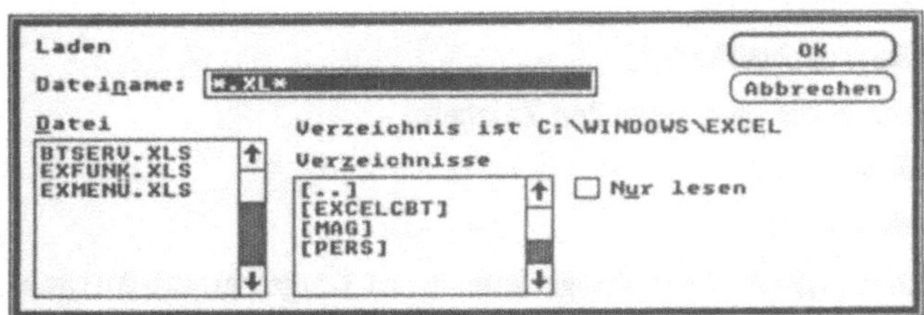



## <u>D</u>atei **La<u>y</u>out…**                                          [TAB]

**LAYOUT?(Kopf;Fuß;Links;Rechts;Unten;Oben;Kopfbereich; Gitter)**

bestimmt das Druckbild einer Tabelle oder Makrovorlage.

Die Argumente haben folgende Bedeutung:

*Kopf* = der Text der Kopfzeile oder Überschrift.

*Fuß* = der Text der Fußzeile.

*Links, Rechts, Oben* und *Unten* = die Breite der Ränder in cm.

*Kopfbereiche* = WAHR, druckt Zeilen- und Spaltenköpfe aus, FALSCH macht die Wahl rückgängig.

*Gitter* = WAHR, druckt Gitternetzlinien aus, FALSCH macht die Wahl rückgängig.

Gestaltungselemente der Kopf- und Fußzeile:

**Text** = freier Text, kann beliebig ohne Hochkommata eingegeben werden. Die Schriftart ist immer die als Nummer 1 gewählte Schriftart im zu druckenden Dokument.

    **&D** = druckt das eingestellte Tagesdatum mit aus.

    **&N** = druckt den Dateinamen mit aus.

    **&U** = druckt die eingestellte Uhrzeit mit aus.

    **&S** = druckt die Seitenzahl fortlaufend mit aus.

    **&S+**Zahl = die Anfangsseitenzahl wird um den Wert *Zahl* erhöht.

    **&&** = druckt ein einzelnes &-Zeichen aus, da es sonst als Steuerzeichen interpretiert wird.

Formatierungselemente der Kopf- und Fußzeile:

Ausrichtung der nachfolgenden Zeichen:

> **&L** = linksbündig;
>
> **&Z** = zentriert;
>
> **&R** = rechtsbündig;

Formatierung der nachfolgenden Zeichen:

> **&F** = fett;
>
> **&K** = kursiv;

Die Reihenfolge der Gestaltungselemente ist festgelegt auf Ausrichtung, Formatierung, Zeichenfolge oder Element.

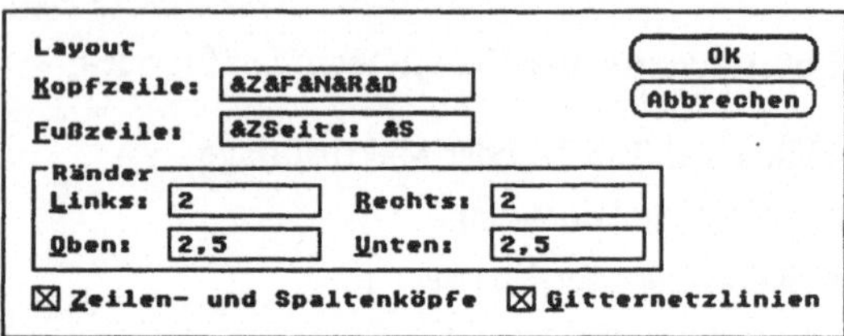


## Datei **Layout** [DIA]

**LAYOUT?(Kopf;Fuß;Links;Rechts;Unten;Oben;Größe)**
bestimmt das Druckbild eines Diagramms.

Die Argumente haben die gleiche Bedeutung wie bei der Tabellenform von LAYOUT( ).

*Größe* = eine Zahl für die Anpassung des Druckbildes:

> 1 = Bildschirmgröße;
>
> 2 = an Seite angepaßt;
>
> 3 = ganze Seite.

## Bearbeiten **Leerfelder...**

**LEERFELDER?(Verschieben_Zahl)**
fügt leere Felder in der Größe der aktuellen Auswahl in die Tabelle oder Makrovorlage ein.

*Verschieben_Zahl* gibt als Zahl an, wohin die alten Felder verschoben werden sollen:

> 1 = nach rechts;
>
> 2 = nach unten.

Diagramm **Legende einfügen**

Diagramm **Legende Löschen**

**LEGENDE(***Wahrheitswert***)**
fügt mit dem Argument WAHR die Legende in das Diagramm ein
und löscht sie mit FALSCH wieder heraus.


**? Leitfaden**
ruft den MS-EXCEL Leitfaden mit Anwendungsbeispielen auf.


**? Lernprogramm**
ruft das MS-EXCEL Lernprogramm mit Einheiten zu allen wichti-
gen Themenbereichen der Leistungsmerkmale von MS-EXCEL auf.


**LETZTES.FELD.MARKIEREN( )**
wählt das Feld am Schnittpunkt der letzten Zeile und Spalte, die
einen Inhalt hat oder auf das eine Formel Bezug nimmt.


Muster **Linien**   siehe MUSTER.LINIEN( )


Bearbeiten **Links ausfüllen** (R)                    STRG + <

**LINKS.AUSFÜLLEN( )**
füllt die Auswahl mit dem Inhalt der rechten Spalte aus.


Bearbeiten **Löschen**   siehe BEARBEITEN.LÖSCHEN( )


Datei **Löschen**   siehe DATEI.LÖSCHEN( )


Daten **Löschen**   siehe DATEN.LÖSCHEN( )


**? Lotus 123...**
zeigt entsprechende MS-EXCEL Befehle für eingegebene Lotus 123
Befehle an.

Makro **Ausführen...**

**MAKRO.AUSFÜHREN?(Bezug)**
führt den MAKRO im Bezug aus und kehrt nach RÜCKSPRUNG( )
zum aufrufenden Makro zurück und fährt fort.

*Bezug* ist ein externer Bezug im absoluten A1-Format oder im Z1S1-Format in Textform. Häufig werden auch NAMEN als Bezüge verwendet.

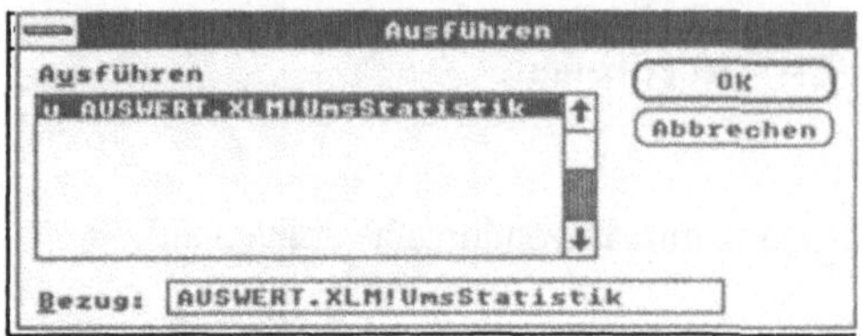

## Daten Maske...

### MASKE( )

ruft die Standard-Datenbankmaske von MS-EXCEL auf. Alle Felder werden als Texte eingegeben und nicht automatisch geprüft. Der linke Teil der Maske ohne die Schaltflächen kann individuell angeordnet werden, wenn ein entsprechendes Dialogfeld definiert wird *(4.2.1.2 Der Aufbau von anwenderspezifischen Dialogfeldern )*.Die Definition muß sich in der Tabelle mit der Datenbank unter dem reservierten Namen DATENMASKE befinden, damit diese neue Eingabemaske mit dem Befehl *Daten Maske* oder der Funktion MASKE( ) angezeigt wird.

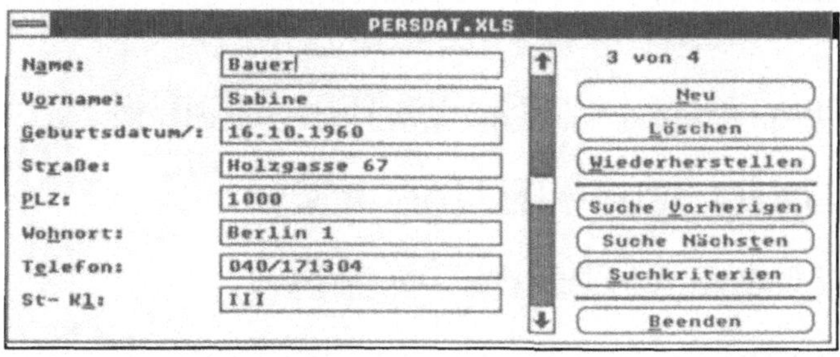

## Daten Mehrfachoperation...

### MEHRFACHOPERATION?(Zeilenbezug;Spaltenbezug)

erzeugt eine Rechenmatrix, die die Werte aus den Matrizenköpfen in eine Formel einsetzt und durchrechnet. Matrix und Formel ist Bestandteil der aktiven Auswahl. Die Bezüge geben an, in welche Felder der Beispielformel die Werte aus den Matrixzeilen und Matrixspalten eingegeben werden sollen. Es wird die Mehrfachoperation mit einem und mit zwei Eingabefeldern unterschieden.

**MELDUNG(Wahrheitswert;*Text*)**

zeigt bei *Wahrheitswert* = WAHR den *Text* im linken Teil der letzten Zeile des MS-EXCEL Fensters, der Meldungszeile, an. Die Meldung wird so lange angezeigt bis sie mit FALSCH und ohne Textargument gelöscht wird oder eine neue Meldung angezeigt wird.

**MENÜ.EINFÜGEN(Kennummer;Menübezug)**

fügt ein neues Menü in die durch die *Kennummer* bezeichnete Menüleiste ein. *Kennummer* ist meist ein Bezug auf das Ergebnis der Funktion MENÜLEISTE.EINFÜGEN(). Im Bereich des *Menübezugs* stehen Menüname und Befehle, Makroverweise, Meldungen und Namen von Hilfedateien.Die Funktion meldet die Position des neuen Menüs als Nummer zurück.

**MENÜ.LÖSCHEN(Kennummer;Menüposition)**

löscht das Menü, das an der Stelle *Menüposition* steht, in der durch die *Kennummer* bezeichneten Menüleiste. *Kennummer* wird durch MENÜLEISTE.EINFÜGEN( ) erzeugt. Die Menüs werden von links mit 1 beginnend durchnumeriert.

Anm.: Die Menüs rechts vom gelöschten Menü erhalten neue Menüpositionsnummern (minus 1).

**MENÜLEISTE.EINFÜGEN( )**

fügt eine neue leere Menüleiste in das Menüsystem ein. Die Kennummer der Menüleiste wird zurückgemeldet. In eine solche Leiste können dann Menüs eingefügt werden. Die neue Menüleiste wird erst durch die Funktion MENÜLEISTE.ZEIGEN( ) am Bildschirm sichtbar.

Anm.: Es können zu den 6 von MS-EXCEL vergebenen Menüleisten noch zusätzlich 15 weitere gleichzeitig definiert werden.

**MENÜLEISTE.LÖSCHEN(Kennummer)**

löscht eine Menüleiste, die durch MENÜLEISTE.EINFÜGEN( ) erzeugt wurde, wieder aus dem Menüsystem. *Kennummer* ist meist ein Bezug auf das Feld mit der Funktion MENÜLEISTE.EINFÜGEN( )

**MENÜLEISTE.ZEIGEN(*Kennummer*)**

zeigt die durch die *Kennummer* bezeichnete Menüleiste am Bildschirm an. Die Kennummern 1 bis 6 sind von MS-EXCEL vergeben, 7 bis 21 können durch MENÜLEISTE.EINFÜGEN( ) erzeugt werden. *Kennummer* ist meist ein Bezug auf das Feld mit der Funktion MENÜLEISTE.EINFÜGEN( ).

## MENÜLEISTE.ZUORDNEN( )

liefert als Ergebnis die Kennummer der aktiven Menüleiste.


## ? Multiplan...

zeigt entsprechende MS-EXCEL Befehle für eingegebene MS-MULTIPLAN Befehle an.

## Format Muster                                                    [DIA]

**MUSTER(RAut;RArt;RFarbe;RStark;Schatten;FAut;FMuster;
        FVgrd;FHgrd;Umkehr;Gilt)**

Wenn die Auswahl ein Diagramm, eine Diagrammfläche, eine Legende, ein Texthinweis, eine Fläche oder ein Balken ist, wird deren Erscheinungsbild wie folgt bestimmt:

*RAut* = automatische Rahmenausführung:

    0 = vom Anwender festgelegt;

    1 = automatisch;

    2 = unsichtbar.

*RArt* = eine Zahl von 1 bis 5 für fünf Rahmenarten.

*RFarbe* = eine Zahl von 1 bis 8 entsprechend der Farbskala.

*RStark* = eine Zahl von 1 bis 3 gemäß der Rahmenstärke.

*Schatten* = WAHR, wenn Rahmenschatten gewählt, sonst FALSCH.

*FAut* = automatische Flächenausführung:

    0 = vom Anwender festgelegt;

    1 = automatisch;

    2 = unsichtbar.

*FMuster* = eine Zahl von 1 bis 16 für die Flächenmusterpalette.

*FVgrd* = eine Zahl von 1 bis 8 für die Vordergrundfarbe.

FHgrd = eine Zahl von 1 bis 8 für die Hintergrundfarbe.

*Umkehr* = WAHR, wenn das Muster oder die Farbe für negative Werte als Gegenstück ausgewählt werden soll. Wird nur bei Balken angesprochen.

*Gilt* = WAHR, wenn das ausgewählte Format "allgemeingültig" auf alle Datenpunkte angewendet werden soll.

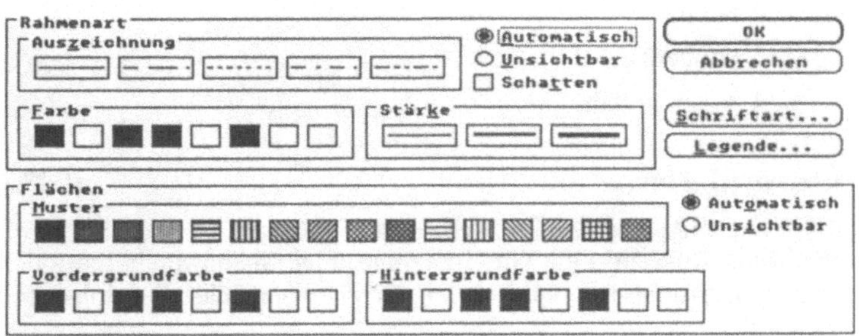

## Format **Muster**...                                          [DIA]

**MUSTER(SAut;SArt;SFarbe;SStark;THaupt;THilfs;TBeschrift)**
Wenn die Auswahl eine Achse ist, wird deren Erscheinungsbild wie folgt bestimmt:

*SAut* = automatische Strichausführung:

    0 = vom Anwender festgelegt;

    1 = automatisch;

    2 = unsichtbar.

*SArt* = eine Zahl von 1 bis 5 für die Stricharten.

*SFarbe* = eine Zahl von 1 bis 8 für die Strichfarben.

*SStark* = eine Zahl von 1 bis 3 für die Strichstärken.

*THaupt* = Typ der Hauptteilstriche:

    1 = unsichtbar;

    2 = innen;

    3 = außen;

    4 = innen und außen.

*THilfs* = Typ der Hilfsteilstriche:

    1 = unsichtbar;

    2 = innen;

    3 = außen;

    4 = innen und außen.

*TBeschrift* = Position der Teilungsbeschriftung:

    1 = ohne;

    2 = unten;

    3 = oben;

    4 = achsennah.

## Format **Muster...** [DIA]

**MUSTER(SAut;SArt;SFarbe;SStark)**

Wenn die Auswahl eine Gitternetzlinie, eine Spannweitenlinie oder eine Bezugslinie ist, wird deren Erscheinungsbild wie folgt bestimmt:

*SAut* = automatische Strichausführung:

    0 = vom Anwender festgelegt;

    1 = automatisch;

    2 = unsichtbar.

*SArt* = eine Zahl von 1 bis 5 für die Stricharten.

*SFarbe* = eine Zahl von 1 bis 8 für die Strichfarben.

*SStark* = eine Zahl von 1 bis 3 für die Strichstärken.

## Format **Muster...** [DIA]

**MUSTER(SAut;SArt;SFarbe;SStark;PAut;PAuszeich;**
        **PVgrd;PHgrd;Gilt)**

Wenn die Auswahl eine Datenlinie ist, wird deren Erscheinungsbild wie folgt bestimmt:

*SAut* = automatische Strichausführung:

    0 = vom Anwender festgelegt;

    1 = automatisch;

    2 = unsichtbar.

*SArt* = eine Zahl von 1 bis 5 für die Stricharten.

*SFarbe* = eine Zahl von 1 bis 8 für die Strichfarben.

*SStark* = eine Zahl von 1 bis 3 für die Strichstärken.

*PAut* = automatische Punktmarkierung:

    0 = vom Anwender festgelegt;

    1 = automatisch;

    2 = unsichtbar.

*PAuszeich* = eine Zahl von 1 bis 7 für die Auszeichnug der Datenlinie.

*PVgrd* = eine Zahl von 1 bis 8 für die Vordergrundfarbe der Flächen.

*PHgrd* = eine Zahl von 1 bis 8 für die Hintergrundfarbe der Flächen.

*Gilt* = WAHR, wenn das ausgewählte Format "allgemeingültig" auf alle Datenpunkte angewendet werden soll.


## Format **Muster...** [DIA]

**MUSTER(SAut;SArt;SFarbe;SStark;PfBreit;PfLang;PfAusf)**
Wenn die Auswahl ein Pfeil ist, wird dessen Erscheinungsbild wie folgt bestimmt:

Für den Pfeilschaft:

*SAut* = automatische Strichausführung:

    0 = vom Anwender festgelegt;

    1 = automatisch;

    2 = unsichtbar.

*SArt* = eine Zahl von 1 bis 5 für die Stricharten.

*SFarbe* = eine Zahl von 1 bis 8 für die Strichfarben.

*SStark* = eine Zahl von 1 bis 3 für die Strichstärken.

Für die Pfeilspitze:

*PfBreit* = Breite der Spitze:

    1 = schmal;

    2 = mittel;

    3 = breit.

*PfLang* = Länge der Spitze :

    1 = kurz;

    2 = mittel;

    3 = lang.

*PfAusf* = Ausführung der Spitze:

    1 = keine;

    2 = offen;

    3 = geschlossen.

<u>M</u>uster <u>B</u>alken...

**MUSTER.BALKEN?(Zahl;*Überlagerung_Löschen*)**
wählt ein Balkendiagramm und dessen Form aus. *Zahl* ist die Nummer des Diagrammformates, das im Menü *Muster Balken* zu finden ist.
*Überlagerung_Löschen* entfernt mit WAHR jede existierende Überlagerung aus dem aktuellen Diagramm, sonst nicht.

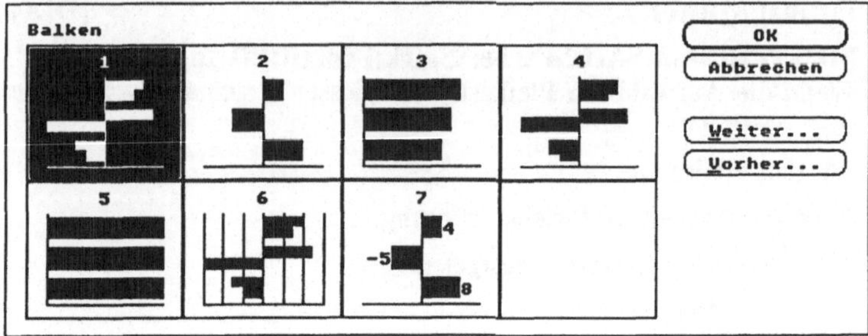

<u>M</u>uster <u>F</u>lächen...

**MUSTER.FLÄCHEN?(Zahl;*Überlagerung_Löschen*)**
wählt ein Flächendiagramm und dessen Form aus. *Zahl* ist die Nummer des Diagrammformates, das im Menü Muster Flächen zu finden ist.
*Überlagerung_Löschen* entfernt mit WAHR jede existierende Überlagerung aus dem aktuellen Diagramm, sonst nicht.

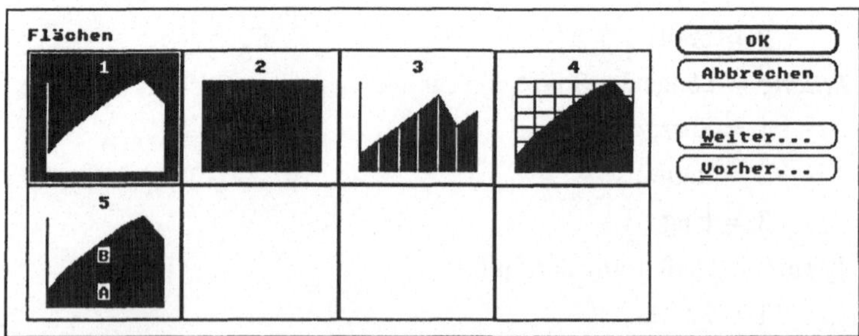

<u>M</u>uster <u>K</u>reis...

**MUSTER.KREIS?(Zahl;*Überlagerung_Löschen*)**
wählt ein Kreisdiagramm und dessen Form aus. *Zahl* ist die Nummer des Diagrammformates, das im Menü *Muster Kreis* zu finden ist.

*Überlagerung_Löschen* entfernt mit WAHR jede existierende Überlagerung aus dem aktuellen Diagramm, sonst nicht.

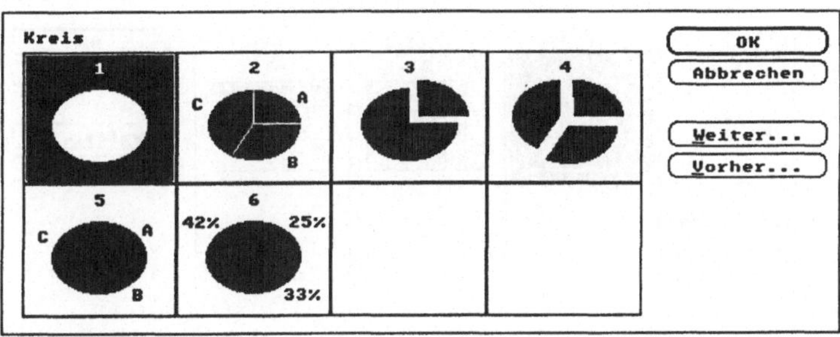


## Muster Linien...

**MUSTER.LINIEN?(Zahl;*Überlagerung_Löschen*)**
wählt ein Liniendiagramm und dessen Form aus. *Zahl* ist die Nummer des Diagrammformates, das im Menü *Muster Linien* zu finden
ist.
*Überlagerung_Löschen* entfernt mit WAHR jede existierende Überlagerung aus dem aktuellen Diagramm, sonst nicht.

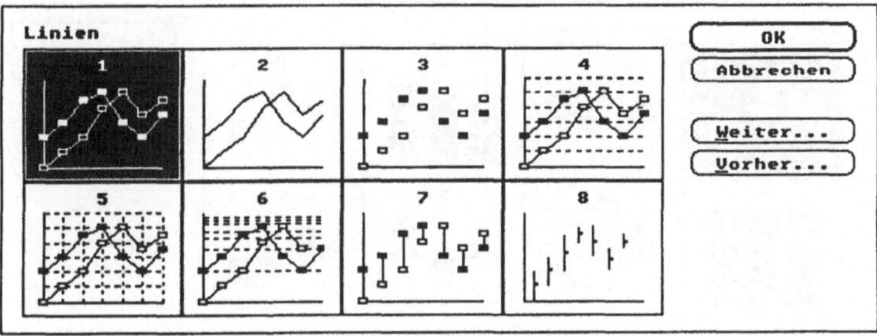


## Muster Punkt...

**MUSTER.PUNKT?(Zahl;*Überlagerung_Löschen*)**
wählt ein Punktdiagramm und dessen Form aus. Zahl ist die Nummer des Diagrammformates, das im Menü *Muster Punkt* zu finden
ist.

*Überlagerung_Löschen* entfernt mit WAHR jede existierende Überlagerung aus dem aktuellen Diagramm, sonst nicht.

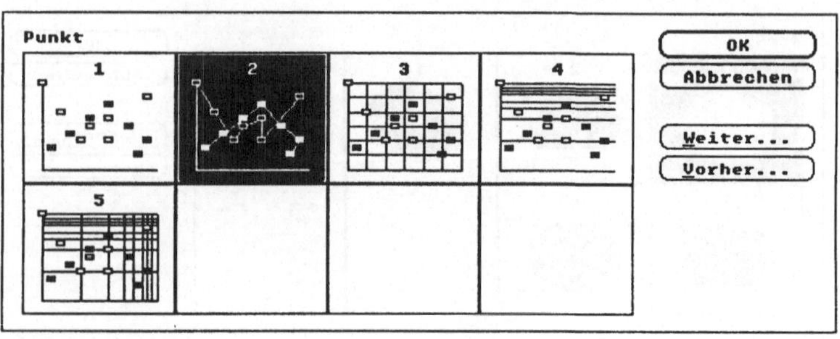


## Muster Säulen..

**MUSTER.SÄULEN?(Zahl;*Überlagerung_Löschen*)**
wählt ein Säulendiagramm und dessen Form aus. *Zahl* ist die Nummer des Diagrammformates, das im Menü *Muster Säulen* zu finden
ist.
*Überlagerung_Löschen* entfernt mit WAHR jede existierende Überlagerung aus dem aktuellen Diagramm, sonst nicht.

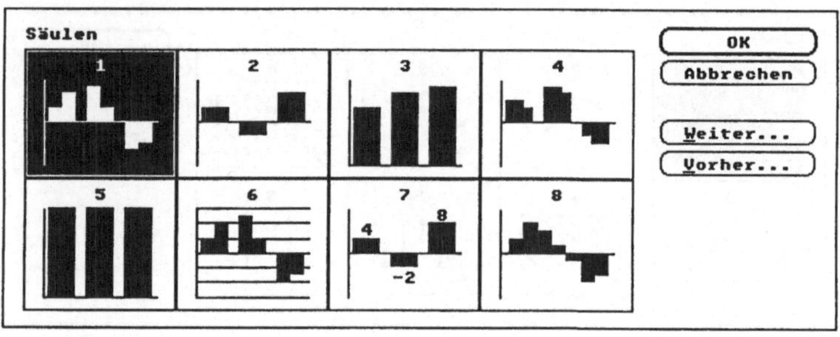


## NAMEN(*Datei_Text*)

liefert eine horizontale Textmatrix aller Namen, die in der angegebenen oder sonst in der aktiven Datei festgelegt sind.Die Funktion muß
als Matrix eingeben werden.

## Formel **Namen anwenden...**

**NAMEN.ANWENDEN?(Namensmatrix;Ignorieren;**
                 **Verwenden_Zeile_Spalte;**
                 **Spalte_weglassen;Zeile_weglassen;**
                 **Namen_Reihenfolge;Anhang)**

sucht in Formeln nach dem Bezugsfeld eines Namens und ersetzt diese Definitionen durch Namen. Die Argumente haben folgende Bedeutung:

*Namensmatrix* = die anzuwendenden Namen in Textform in einer Matrix

*Ignorieren* = WAHR, wenn relative bzw. absolute Bezüge ignoriert werden sollen. Sonst werden nur absolute Bezüge durch absolute Namen ersetzt usw.

*Verwenden_Zeile_Spalte* = WAHR, wenn Zeilen und Spaltennamen der Matrix mit den Bezugsfeldern verwendet werden sollen, sonst werden die folgenden Argumente nicht berücksichtigt.

*Spalte_weglassen* = WAHR, wenn der Spaltennamen für dieselbe Spalte weggelassen werden soll.

*Zeile_weglassen* = WAHR, wenn der Zeilennamen für dieselbe Zeile weggelassen werden soll.

*Namen_Reihenfolge*=1 für Zeile Spalte;

2 für Spalte Zeile.

*Anhang* = WAHR, wenn alle Namen aus der Namensmatrix und die durch Formel Name festlegen und Formel Namen übernehmen festgelegten Namen angewendet werden sollen.

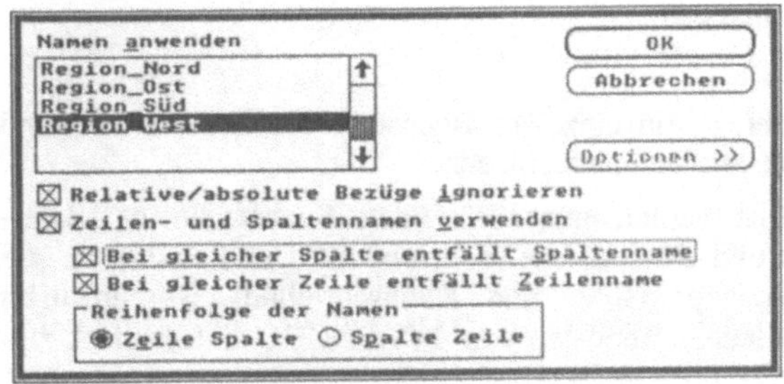



Formel **Namen einfügen...**                                          F3

fügt einen ausgewählten Namen aus der Namensliste in die aktive Bearbeitungszeile ein.

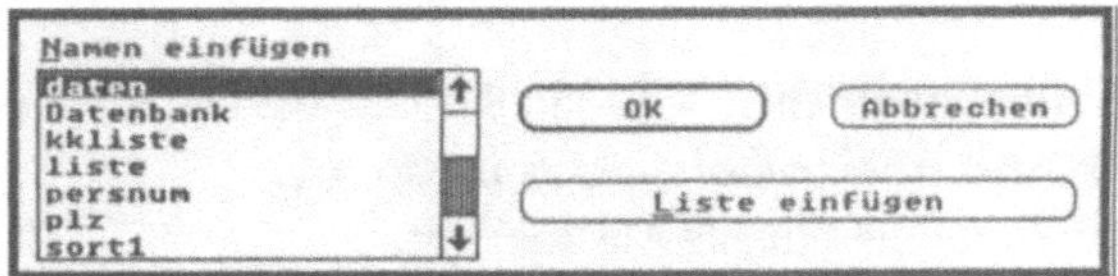

**NAMEN.AUFLISTEN( )**
listet alle festgelegten Namen auf.


Formel **Namen festlegen...**                                STRG+F3

**NAMEN.FESTLEGEN?(Name;Bezug_auf;*Makrotyp;*
*Tastaturschlüssel*)**
legt einen Namen im aktiven Dokument fest. Ist *Bezug_auf* eine Zahl
ein Text oder ein Wahrheitwert, bezieht sich der Name auf deren
Werte. Ist *Bezug_auf* ein externer Bezug, so bezieht sich der Name
auf den Bezug dieser Felder. Ist *Bezug_auf* eine Formel, bezieht sich
der Name auf diese Formel. Ist nichts angegeben, bezieht sich Name
auf die Felder der aktuellen Auswahl.

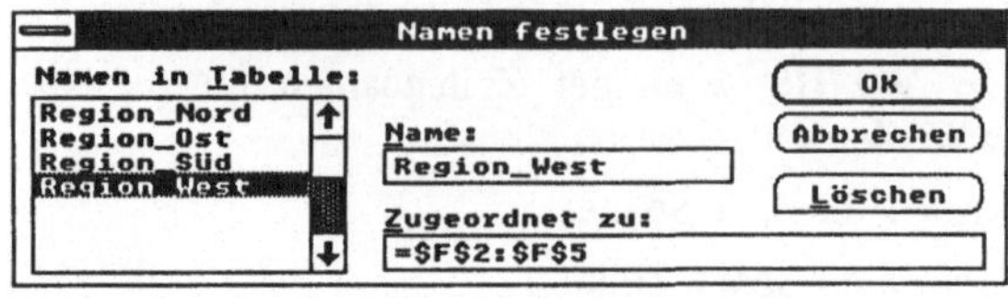


Nur bei Makrovorlagen:

*Makrotyp* = eine Zahl von 1 bis 3:

    1 = Funktionsmakro;

    2 = Befehlsmakro;

    3 = keinen.

*Tastaturschlüssel* = ein einzelner Buchstabe als Text; Klein- und
Großschreibung werden unterschieden.

Anm.: Der Name beginnt immer mit einem Buchstaben, darf Leer-
      zeichen und Bindestriche nicht enthalten und ist bis zu 255
      Zeichen lang; Groß- und Kleinschreibung werden nicht
      unterschieden, sondern von MS-EXCEL automatisch an-
      gepaßt.


Formel **Namen festlegen...**                                STRG+F3

**NAMEN.LÖSCHEN(Name)**
löscht einen festgelegten Namen aus der Namensliste.


Formel **Namen übernehmen...**          STR+UMSCHALT+F3

**NAMEN.ÜBERNEHMEN?(*Oben;Links;Unten;Rechts*)**
schlägt einen Namen für die aktuelle Auswahl vor.

*Oben* = WAHR, wenn aus oberster Zeile ausgewählt werden soll.

*Links* = WAHR, wenn aus linker Spalte ausgewählt werden soll.

*Unten* = WAHR, wenn aus unterster Zeile ausgewählt werden soll.

*Rechts* = WAHR, wenn aus rechter Spalte ausgewählt werden soll.

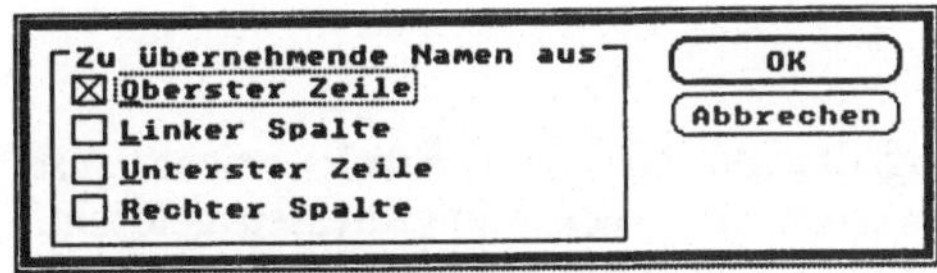


## NAMEN.ZUORDNEN(Name)

liefert die Definition von Name wie er bei "zugeordnet zu" unter *Formel Namen festlegen* erscheinen würde: also ein Wert, ein Name oder ein Bezug.

Formel **Namen festlegen...**   "zugeordnet zu"

## NAMEN.ZUWEISEN(Name;*Wert*)

legt einen Namen in einer Makrovorlage fest, um sich auf dessen aktuellen Wert zu beziehen. Die Kurzform lautet als Wertzuweisung auch: *Name* = Wert.

**D**atei **N**eu...   ALT+F1[DIA] ALT+UMSCHALT+F1[TAB]
ALT+STRG+F1[MAKRO]

## NEU?(Typ)       oder F11[DIA] UMSCHALT+F11[TAB]
STRG+F11[MAKRO]

lädt eine neue Datei. Typ ist eine Zahl und bedeutet :

    1 = Tabelle;

    2 = Diagramm;

    3 = Makrovorlage.

**D**iagramm **N**eu berechnen                         F9 [DIA]

**O**ptionen **N**eu berechnen                            F9

## NEUBERECHNEN( )

berechnet alle von Veränderungen betroffenen Werte in allen geladenen Dateien neu.

Anm.: Wenn die Bearbeitungszeile aktiv ist, kann durch *Optionen Neu berechnen* eine Formel durch ihren Wert ersetzt werden und so in eine Konstante umgewandelt werden.

<u>F</u>enster <u>N</u>eues Fenster

**NEUES.FENSTER( )**
eröffnet ein zusätzliches neues Fenster zur Datei im aktiven Fenster.


**NEUSTART(*Ebene*)**
löscht Ebenen-Rücksprungadressen aus dem Arbeitsspeicher. Ist Ebene nicht angegeben, werden alle Rücksprungadressen gelöscht. Damit gibt ein Unterprogramm-Makro die Steuerung nicht mehr an einen aufrufenden Makro zurück, sondern hält das Programm an, wenn RÜCKSPRUNG( ) gelesen wird.


<u>Fo</u>rmel <u>N</u>otiz...                                        UMSCHALT + F2

**NOTIZ(Text;Feldbezug;Anfang;Anzahl_Zeichen)**
legt eine Feldnotiz an oder ersetzt Zeichen in einer Notiz. *Text* und eventuell Leerzeichen werden abhängig von *Anzahl_Zeichen* an der Position *Anfang* eingefügt. *Anfang* ist ein Zahlenwert. *Feldbezug* bezeichnet das Feld für die Notiz als einfachen Bezug. *Text* nimmt bis zu 255 Zeichen auf.

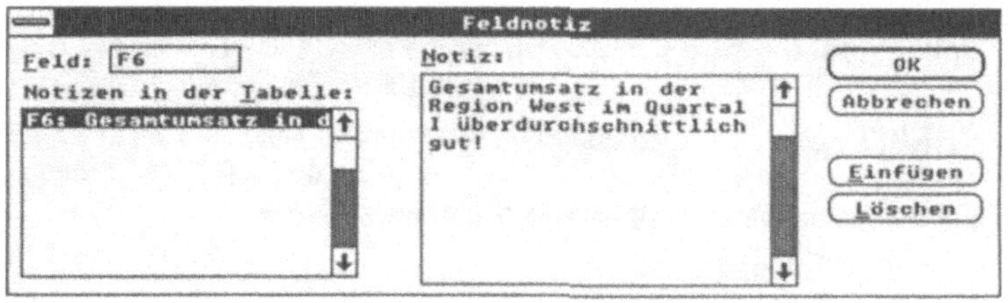


**NOTIZ.ZUORDNEN(Feldbezug;Beginn;Anzahl_Zeichen)**
liefert einen Text aus dem Bezugsfeld. *Beginn* und *Anzahl_Zeichen* sind Zahlenwerte kleiner 256.


<u>B</u>earbeiten **Oben ausfüllen**  (U)

**OBEN.AUSFÜLLEN( )**
füllt die Auswahl mit dem Inhalt der letzten Zeile aus.


<u>D</u>aten **O<u>r</u>dnen**

**ORDNEN?(Ordnen;Schlüssel1;Reihenfolge1;Schlüssel2;**
          **Reihenfolge2;Schlüssel3;Reihenfolge3)**
ordnet die Daten in der Auswahl nach bis zu 3 Sortierkriterien.

*Ordnen* = eine Zahl und sortiert folgendermaßen:

        1 = nach Zeilen;

        2 = nach Spalten.

*Schlüssel* = ein Bezug oder NAME auf die Sortierzeile oder Sortierspalte.

*Reihenfolge* legt die Sortierfolge fest:

    1 = aufsteigend;

    2 = absteigend.

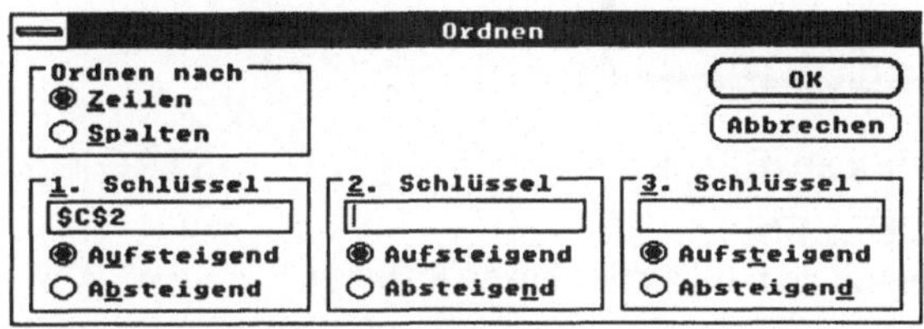


## Diagramm Pfeil einfügen

**PFEIL.EINFÜGEN( )**
fügt einen Pfeil in das aktuelle Diagramm ein.

## Diagramm Pfeil löschen

**PFEIL.LÖSCHEN( )**
löscht einen ausgewählten Pfeil aus dem aktiven Diagramm heraus.

**POSTEXT(Bezug;*A1*)**
wandelt den angegebenen *Bezug* in einen absoluten Bezug in Textform um. Ist *A1* WAHR, wird der Bezug in A1-Format ausgegeben,
sonst in Z1S1-Format.

**POSWERT(Bezug)**
liefert den Wert der Felder in *Bezug*, also einen Einzelwert oder eine
Matrix.

## Muster Punkt...   siehe MUSTER.PUNKT( )

## Format Rahmenart...

**RAHMENART?(Gesamt;Rand_links;Rand_rechts;Rand_oben;**
        **Rand_unten;Schraffieren)**
legt einen Rahmen in einer Tabelle oder Makrovorlage für die Felder
der aktuellen Auswahl fest. Sind die Argumente WAHR, werden die
Ränder gesetzt, sonst nicht. Bei FALSCH wird die Wahl rückgängig
gemacht.

*Schraffieren* = WAHR hinterlegt die Auswahl mit einer festgelegten Tönung.

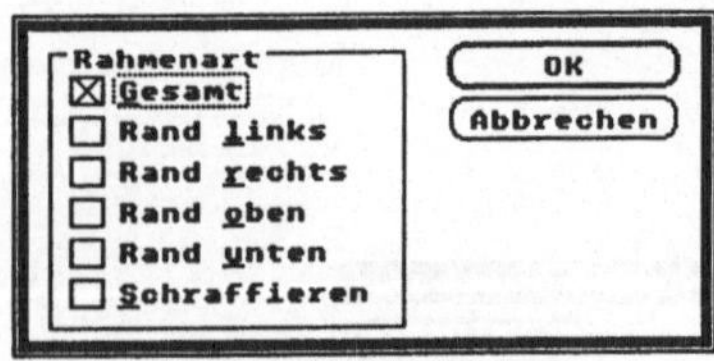


## Bearbeiten Rechts ausfüllen       STRG + >

### RECHTS.AUSFÜLLEN( )

füllt die Auswahl mit dem Inhalt der linken Spalte aus.


### REGISTER(Modul;Prozedur;Argumenttext)

liefert einen Textwert, der von AUFRUFEN( ) weiter verwendet werden kann; damit können dann Routinen aus der MS-WINDOWS Bibliothek aufgerufen werden. Die Argumente bedeuten:

*Modul* = der Name der MS-WINDOWS Bibliothek, die die aufzurufende Prozedur als Text enthält.

*Prozedur* = der Name der aufzurufenden Prozedur als Text

*Argumenttext* = ein Buchstabe, der die Anzahl und die Argumente für Prozedur angibt sowie den Datentyp des Ausgabewertes der Prozedur festlegt.

| Code | Datentyp | übergebenes Argument | ausgegeb. Wert |
| --- | --- | --- | --- |
| A | boolesch | wenn WAHR, wird 1 in den Speicher geladen, wenn FALSCH 0 | wenn AX = 0, FALSCH, sonst WAHR |
| B | IEEE-Gleitpunkt | 4 Wörter in den Speicher | DX:AX zeigt auf IEEE-Gleitpunktzahl |
| C | mit 0 beendete ANSI-Zeichenfolge | FAR-Zeiger auf durch 0 beendete Zeichenfolge wird in Speicher geladen | DX:AX zeigt auf mit 0 beendete Zeichenfolge |
| D | Kbyte-Anzahl, ANSI-Zeichenfolge | FAR-Zeiger auf Anzahl Zeichenfolge wird in den Speicher geladen | DX:AX zeigt auf Anzahl BYTE gefolgt von Zeichenfolge |

| | | | |
|---|---|---|---|
| E | IEEE-Zahlen-puffer | FAR-Zeiger auf einen 4-Wort-Zahlenpuffer | IEEE Gleit-inhalt des Zahlenpuffers |
| F | Zeichen-folge-puffer | FAR-Zeiger auf einen 256-KByte-Zeichenfolgepuffer | mit 0 beendeter Inhalt des Zeichenfolge-puffers |
| G | Zeichen-folge-puffer | FAR-Zeiger auf einen 256-KByte-Zeichenfolgepuffer | Inhalt des Zeichenfolge-puffers zählen |
| H | vorzeichen-lose ganze Zahl | Wort in den Speicher eingeben | AX enthält ganze Zahl |
| I | ganze Zahl mit Vor-zeichen | Wort in den Speicher eingeben | AX enthält ganze Zahl |
| J | vorzeichen-lose doppelt | 2 Wörter in den Speicher eingeben genaue Zahl | DX:AX enthält die ganze Zahl |
| K | Gleitpunkt-matrix | FAR-Zeiger auf Matrix-struktur. 1.Wort enthält | DX:AX enthält Zeiger auf Zeilenanzahl, |
| nächstes | | Matrixstruktur Wort Spaltenanzahl gefolgt von Zeilen mal Spalten IEEE-Gleitpunktzahl. | |

## Daten Reihe berechnen... siehe DATENREIHE.BERECHNEN( )

## Makro Relative Aufzeichnung

zeichnet einen Makro im relativen Bezugsformat auf bzw. kann jederzeit den Aufzeichnungsmodus von absolut auf relativ wechseln.

## RELPOS(Bezug;Relativ_zu_Bezug)

liefert den Bezug vom Argument *Bezug* relativ zum Feld in der linals Text.

## Bearbeiten Rückgängig: Befehl/nicht möglich

ALT+RÜCKTASTE

## RÜCKGÄNGIG( )

macht nur den zuletzt ausgeführten Befehl rückgängig und stellt den Ausgangszustand wieder her. Befehle wie *Daten löschen, Datei lö-*

*schen* oder *Daten suchen und kopieren* können nicht mehr rückgängig gemacht werden.

**RÜCKSPRUNG(Wert)**
beendet einen Makro und gibt die Steuerung an MS-EXCEL oder einen aufrufenden Makro zurück. Jeder Makro hat formal einen RÜCKSPRUNG(), auch wenn diese Stelle im Programm nie erreicht wird. Bei Funktionsmakros kann ein errechneter Wert an die Funktion zurückgemeldet werden. *Wert* ist dann meist ein Bezug auf das Ergebnisfeld in der Makrovorlage.

<u>M</u>uster <u>S</u>äulen...   siehe MUSTER.SÄULEN( )

**SBILDLAUF(Bildlauf;Zeile_Wahrheitswert)**
führt einen senkrechten Bildlauf im aktiven Fenster durch, wenn *Zeile_Wahrheitswert* WAHR ist. Ziel ist dann die im Argument *Bildlauf* angegebene Zeilennummer.

Ist *Zeile_Wahrheitswert* FALSCH oder fehlt, gibt *Bildlauf* einen prozentualen Wert oder Rechenausdruck in Bezug auf die Gesamtlänge des Rechenblattes an. 25% entspricht dabei 4096/16384 und läuft zur Zeile 4096.

**SBILDLAUF.SEITEN(Anzahl_Fenster)**
blättert senkrecht durch das Dokument in der Höhe des aktiven Fensters. *Anzahl_Fenster* ist ein positiver oder negativer Zahlenwert und blättert nach unten oder nach oben.

**SBILDLAUF.ZEILEN(Anzahl_Zeilen)**
blättert senkrecht durch das Dokument in der Höhe der angegebenen Zeilen. *Anzahl_Zeilen* ist ein positiver oder negativer Zahlenwert und blättert nach unten oder nach oben.

<u>D</u>atei <u>S</u>chließen   siehe DATEI.SCHLIESSEN( )

<u>_</u>Systemmenü <u>S</u>chließen (Dateifenster)                    STRG+F4

**SCHLIESSEN(*Speichern_Wahrheitswert*)**
schließt das aktive Fenster. Ist das Argument ént WAHR wird die Datei erneut gespeichert, bei FALSCH nicht. Fehlt das Argument, erscheint ein Dialog zur Abfrage der Speicherform.

**SCHRIFTART?(Name;Größe)**                              [MacIntosh]
legt die Ausgestaltung von Schriftarten fest. *Name* ist der Name einer Schriftart als Text. *Größe* wird als Punktwert angegeben.

Format **Schriftart...**   siehe FORMAT.SCHRIFTART( )


Format **Schriftart...**

**SCHRIFTART.ERSETZEN(Schriftart;Name;Größe;Fett;Kursiv;
                    Unterstreichen;Durchstreichen)**
ersetzt eine der vier Schriftarten in MS-EXCEL, die gleichzeitig auf
einem Dokument angezeigt werden können.

*Schriftart* = eine Zahl von 1 bis 4, die die zu ersetzende Schriftart
bezeichnet.

*Name* = der Name der neuen Schriftart als Text.

*Größe* = die Größe der neuen Schriftart in Punkten.

*Fett* = WAHR, wenn die neue Schriftart fett sein soll, sonst nicht.

*Kursiv* = WAHR, wenn die neue Schriftart kursiv sein soll, sonst
nicht.

*Unterstreichen* = WAHR, wenn die neue Schriftart unterstrichen
sein soll, sonst nicht.

*Durchstreichen* = WAHR, wenn die neue Schriftart durchgestrichen
sein soll, sonst nicht.


Optionen **Seitenumbruch aufheben**

**SEITENUMBRUCH.AUFHEBEN( )**
hebt einen manuellen Seitenumbruch zum Drucken auf, wenn das
aktive Feld sich direkt unterhalb oder rechts eines solchen befindet.


Optionen **Seitenumbruch festlegen**

**SEITENUMBRUCH.FESTLEGEN( )**
legt manuell einen neuen Seitenumbruch direkt rechts oder oberhalb
des aktiven Feldes zum Drucken fest.


**SENDEN(Kanalnummer;Objekt;Datenbezug)**
sendet die Daten in *Datenbezug* zu dem angegebenen *Objekt*. Die
Anwendung wird über die Kanalnummer angesprochen, die von
KANAL.ÖFFNEN( ) vergeben wurde.

*Objekt* ist ein Name in Textform, der von der anderen Anwendung
abhängt.


**SIGNAL(Zahl)**
erzeugt einen Ton, um die Aufmerksamkeit des Anwenders zu erre-
gen.

*Zahl* ist eine Zahl von 1 bis 4 und bestimmt je nach Hardwareaus-
stattung die Tonhöhe. Fehlt Zahl, wird 1 angenommen.

_Systemmenü **Sinnbild** (Anwendungsfenster)
siehe ANW.SINNBILD( )


**SOLANGE**(*Wahrheitswert_Prüfung*)
startet eine SOLANGE-WEITER-Schleife, wenn das Argument =
WAHR ist und läuft solange bis die Prüfung FALSCH ergibt. Da
nach wird mit der Anweisung nach WEITER( ) fortgefahren, das in
derselben Spalte wie SOLANGE( ) stehen muß. *Wahrheits-
wert_Prüfung* enthält meist Vergleiche mit WENN( ) oder Fehler-
prüfungen wie ISTFEHLER( )...


Forma_t **Spaltenbreite...**

**SPALTENBREITE?**(Breite;*Bezug*)
legt die Breite der Spalten im angegebenen *Bezug* oder der aktiven
Auswahl fest. *Breite* ist eine Zahl, die gemessen wird an der Breite
eines Zeichens in der 1. Schriftart. *Bezug* ist ein externer Bezug im
A1-Format oder ein Bezug im Z1S1-Format als Text.

Datei **Speichern**                     ALT+UMSCHALT+F2
                                    oder UMSCHALT+F12

**SPEICHERN( )**
speichert die aktive Datei ab. Falls noch kein neuer Name vergeben
wurde, erscheint der Dialog von SPEICHERN.UNTER( ).


Datei **Speichern _unter...**              ALT+F2 oder F12

**SPEICHERN.UNTER?**(Name;Typzahl;Paßwort;Sicherung)
speichert die aktive Datei unter einem neuen Namen ab oder über-
schreibt die alte Datei.

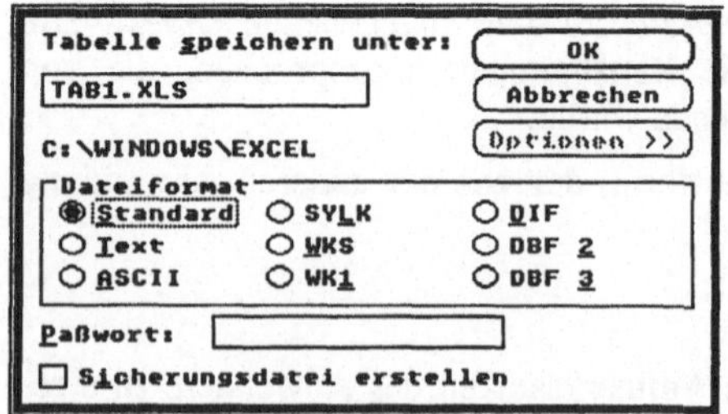

*Name* = der neue Name als Text, der auch Laufwerk und Pfad enthalten darf.

*Typzahl* = eine Zahl für das Dateiformat:

    1 = Standard;

    2 = SYLK;

    3 = Text(durch TABs getrennt);

    4 = WKS;

    5 = WK1;

    6 = ASC(durch ";" getrennt);

    7 = DBF2;

    8 = DBF3;

    9 = DIF.

*Paßwort* = ein Text für die Zugriffssicherung der Datei.

*Sicherung* = WAHR, wenn Sicherungskopien der Dateien automatisch erstellt werden sollen, sonst nicht.

**Achtung!** Die Sicherungskopie hat immer die Dateinamenserweiterung "BAK". Tabellen, Makros und Diagramme überschreiben gegenseitig ihre Sicherungskopien, wenn ihre Dateinamen übereinstimmen.


**STOP( )**
hält die Ausführung eines Makros an.


Formel **Suchen**   siehe FORMEL.SUCHEN( )


Daten **Suchen**   siehe DATEN.SUCHEN( )


Daten **Suchen und Kopieren...**

**SUCHEN.KOPIEREN?(Keine_Doppel)**
sucht Daten in einer Datenbank gemäß den Suchkriterien und kopiert sie in einen ausgewählten (aktiven) Zielbereich. Der Zielbereich spiegelt Teile der ersten Zeile des Datenbankbereiches wieder.
Ist *Keine_Doppel* WAHR, werden Duplikate nicht berücksichtigt, sonst doch.


Daten **Suchkriterien festlegen**

**SUCHKRITERIEN.FESTLEGEN( )**
legt die aktive Auswahl als Bezug für die Suchkriterien einer Datenbank fest, der mindestens 2 Zeilen umfaßt. Suchkriterien ist ein re-

servierter Name. Die erste Zeile spiegelt Teile der ersten Zeile des
Datenbankbereiches wieder.

### ? Tastatur

gibt eine Hilfestellung wie die Tastatur zu gebrauchen ist  und wie
Funktionstasten belegt sind.


### TASTENF.SENDEN(Tasten;*Warten_Wahrheitswert*)

sendet eine Tastenfolge zur aktiven Anwendung, als ob sie über Tastatur eingegeben wurde. Die Tastaturcodes sind im Kapitel *5.2 Die
Tastencodes* aufgelistet. Ist *Warten_Wahrheitswert* = WAHR, war-
tet der Makro bis die Tastenfolge verarbeitet wurde und fährt dann
fort. Bei FALSCH wird der Makro sofort weiter ausgeführt.

Anm.:  MS-EXCEL selbst verarbeitet keine Tastenfolge während ein
   anderer Makro ausgeführt wird, Warten ist daher immer
   FALSCH, auch wenn WAHR eingegeben wurde.


### TASTE.ZUORDNEN( )

liefert als Ergebnis das erste Zeichen im Tastaturpuffer als Tasten-
code.


Systemmenü **Teilen** (Dateifenster)      [TAB MAKRO]

### TEILEN(*Spalte;Zeile*)

teilt das aktive Fenster in Unterfenster, mit denen ein gemeinsamer
Bildlauf durchgeführt werden kann.
*Spalte* gibt den Abstand in Bildpunkten vom linken Fensterrand an.
*Zeile* gibt den Abstand in Bildpunkten vom oberen Fensterrand an.
Sind die Argumente = 0, wird eine Teilung aufgehoben.


Format **Teilung...**           [DIA]

### TEILUNG(Min;Max;Haupt;Hilfs;Schnittpunkt;Logarithmisch; Umgekehrt;Max)

legt die Teilung für eine Größenachse im Diagramm oder bei einem
Punktdiagramm fest, wenn diese ausgewählt ist.

Die folgenden Argumente haben den Wert WAHR für automatische
Festlegung oder einen Zahlenwert:

*Min* = Kleinstwert der Achse.

*Max* = Höchstwert der Achse.

*Haupt* = Größe des Hauptintervalls der Achsenteilung.

*Hilfs* = Größe des Hilfsintervalls der Achsenteilung.

*Schnittpunkt* = Schnittpunkt der Rubriken- und Größenachse.

Die folgenden Argumente entsprechen nur Wahrheitswerten:

*Logarithmisch* = WAHR, wenn Teilung logarithmisch ist, sonst nicht.

*Umgekehrt* = WAHR, wenn Größen- und Rubrikenachse in umgekehrter Reihenfolge angezeigt werden soll, sonst nicht.

*Max* = WAHR, wenn der Schnittpunkt von Rubriken- und Größenachse beim Höchstwert sein soll, sonst nicht.

```
Größenachse
Automatisch                              (     OK      )
  ⊠    Kleinstwert:      [0        ]     (  Abbrechen  )

  ⊠    Höchstwert:       [4        ]
                                         (  Muster...  )
  ⊠    Hauptintervall:   [0,5      ]
                                         ( Schriftart...)
  ⊠    Hilfsintervall:   [0,1      ]

       Schnittpunkt mit der
  ⊠    Rubrikenachse bei: [0        ]
  □ Logarithmische Teilung
  □ Größen in umgekehrter Reihenfolge
  □ Schnittpunkt mit der Rubrikenachse bei Höchstwert
```

## Format Teilung

**TEILUNG(Schnittpunkt;Rubriken_Beschriftung;**
**Rubriken_Teilstrich;Zwischen;Max;Umgekehrt)**
legt die Achsenteilung für eine ausgewählte Rubrikenachse fest, wenn das Diagramm kein Punktdiagramm ist.

*Schnittpunkt* = gibt die Nummer der Rubrik an, an der die Größenachse die Rubrikenachse schneiden soll.

*Rubriken_Beschriftung* = eine Zahl für die Anzahl der Rubriken zwischen den Teilungsbeschriftungen.

*Rubriken_Teilstrich* = eine Zahl für die Anzahl der Rubriken zwischen den Teilstrichen.

Die folgenden Argumente enthalten Wahrheitswerte:

*Zwischen* = WAHR, wenn der Schnittpunkt der Größenachse zwischen den Rubriken liegt, sonst nicht.

*Umgekehrt* = WAHR, wenn die Rubriken in umgekehrter Reihenfolge angezeigt werden sollen, sonst nicht.

*Max* = WAHR, wenn der Schnittpunkt der Größenachse bei der größten Rubrik liegen soll, sonst nicht.

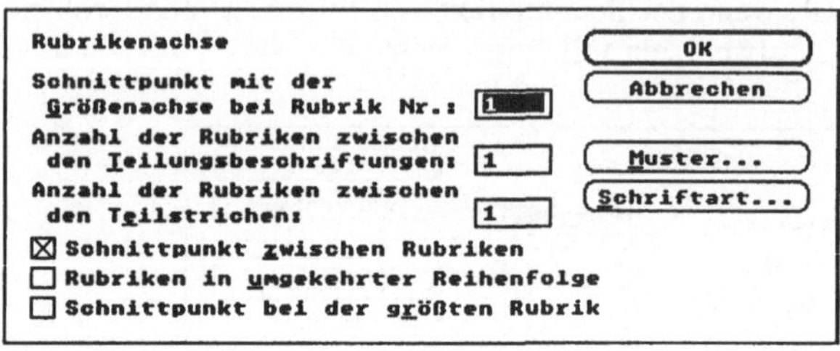


Format **Text**   siehe FORMAT.TEXT()                    [DIA]

**TEXTPOS(Text;*A1*)**

wandelt den Inhalt des Argumentes Text in einen Bezug um.

Ist *A1* WAHR, wird in das A1-Bezugsformat umgewandelt, sonst in das Z1S1-Format.

Diagramm **Text zuordnen...**

**TEXT.ZUORDNEN?(Zuordnen_zu_Zahl;Datenreihennummer;**
**Datenpunktnummer)**

ordnet einen Text einem Diagrammelement zu. Der Text wandert bei Umformung des Diagramms mit.

*Zuordnen_zu_Zahl* ist eine Zahl mit folgender Bedeutung:

    1 = Diagrammüberschrift;

    2 = Größenachse;

    3 = Rubrikenachse;

    4 = Datenreihe oder Datenpunkt.

Falls 4 gewählt wurde, müssen noch die Nummern für die Position der Datenreihe und des Datenpunktes als Zahl angegeben werden.

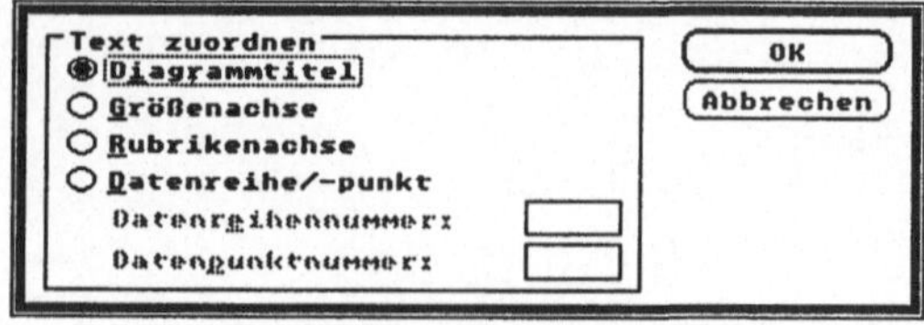

**ÜBERLAGERUNG(Art;Stapel;100;Verschieden;Überlappung;**
**Bezugsl;Spannweite;Überlappung%;Gruppe;**
**Winkel;Reihe;Automatisch)**

steuert die Überlagerung von zwei verschiedenen Diagrammen.

Die Argumente bedeuten:

*Art* = eine Zahl für die Art des überlagernden Diagramms:

   1 = Flächen,

   2 = Balken,

   3 = Säulen,

   4 = Linien,

   5 = Kreis

   6 = Punkt.

*Stapel* = WAHR, wenn die Größe der ersten Datenreihe an der Rubrikenachse gemessen wird, die Größe der zweiten Datenreihe an der ersten usw.

*100* = WAHR, wenn die Summe der verschiedenen Rubrikenwerte relativ auf 100% hochgerechnet wird, vgl. *Muster Säulen Typ 5.*

*Verschieden* = WAHR, wenn bei einer einzigen Datenreihe alle Muster verschieden dargestellt werden sollen.

*Überlappung* = WAHR wählt Optionsfeld Überlappt.

*Bezugsl* = WAHR, wenn die Bezugslinien sich an der Größe der Rubriken orientieren sollen, vgl. *Muster Fläche Typ 3.*

*Spannweite* = WAHR, wenn eine Linie von der kleinsten zur größten Rubrik angezeigt werden soll, vgl. *Muster Linie Typ 7.*Die letzten Argumente enthalten Zahlenwerte:

*Überlappung %* gibt die Überlappung bei Säulen- und Balkendiagrammen in %-Werten der Breite einer Säule oder eines Balkens an.

*Gruppe* gibt den Gruppenabstand in %-Werten an.

*Winkel* gibt den Winkel zum ersten Kreisdiagrammsegment in Grad an, um den dieses im Uhrzeigersinn aus der 12 Uhr Position verschoben ist.



Die folgende Tabelle zeigt an, welche Argumente für welche Diagramm-Art gelten:

| | Flächen | Balken | Säulen | Linien | Kreis | Punkt |
|---|---|---|---|---|---|---|
| Stapel | x | x | x | x | | |
| 100 | x | x | x | x | | |
| Verschieden | | x | x | x | x | x |
| Überlappung | | x | x | | | |
| Bezuglsl | x | | | x | | |
| Spannweite | | | | x | | |
| Überlappung% | | x | x | | | |
| Gruppe | | x | x | | | |
| Winkel | | | | | x | |
| Reihe | x | x | x | x | x | x |
| Automatisch | x | x | x | x | x | x |

**ÜBERLAGERUNG.DIAGRAMM(Art)**                [MacIntosh]
entspricht der MS-EXCEL Funktion ÜBERLAGERUNG(1). Ist *Art* = 0, entspricht die Funktion ÜBERLAGERUNG.LÖSCHEN( ).

Diagramm **Ü**berlagerung einfügen
**ÜBERLAGERUNG.EINFÜGEN( )**
fügt in ein bestehendes Diagramm ein zweites überlagerndes Diagramm ein. Diagramme könne nur einmal überlagert werden.

Diagramm **Überlagerung löschen**

**ÜBERLAGERUNG.LÖSCHEN( )**

löscht eine Überlagerung aus einem Diagramm heraus. Falls keine Überlagerung zu finden ist, wird WAHR zurückgemeldet.

Bearbeiten **Unten ausfüllen**                                    STRG + <

**UNTEN.AUSFÜLLEN( )**

füllt die Felder in der Auswahl mit dem Inhalt der obersten Zeile der Auswahl aus.

**UNTERPROGRAMME:Bezug** *(Argument1;Argument2...)*

verzweigt bei der Ausführung eines Makros zu einem Unterprogramm, wenn ein Bezug gefolgt von einem Klammerpaar gelesen wird. Es wird zum linken oberen Feld in Bezug verzweigt. Nach Abarbeitung des Unterprogramms wird mit RÜCKSPRUNG() automatisch zur aufrufenden Zeile zurückgekehrt und mit der nächsten Anweisung fortgefahren.Bezug ist ein Bezug im A1-Format, ein Name, ein externer Bezug auf eine andere geladene Makrovorlage oder eine Formel, die einen Bezug zurückmeldet wie INDEX() z. B.

Die Anzahl der zu übergebenden Argumente ist auf 13 begrenzt.

Anm.: Dies ist die einzige Möglichkeit, daß auch Befehlsmakros genauso wie Funktionsmakros Argumente übergeben können.

**URSPRUNG( )**

liefert den Bezug des Feldes mit der Funktion, die den aktiven Funktionsmakro aufgerufen hat. Ist ein Befehlsmakro aktiv, wird der Fehlerwert #Bezug! zurückgemeldet.

Fenster **Verbergen**

**VERBERGEN( )**

stellt ein aktives Fenster in den Bildschirmhintergrund. Dies beschleunigt die Ausführung von Makros. Verborgene Fenster werden mit ANZEIGEN( ) wieder aktiviert.

### Muster Verbund...

**VERBUND?(Zahl)**

ändert das Format des aktiven Diagramms in einem Verbunddia-
gramm.Das Argument ist eine Zahl, die einem Format im Menü Muster entspricht.

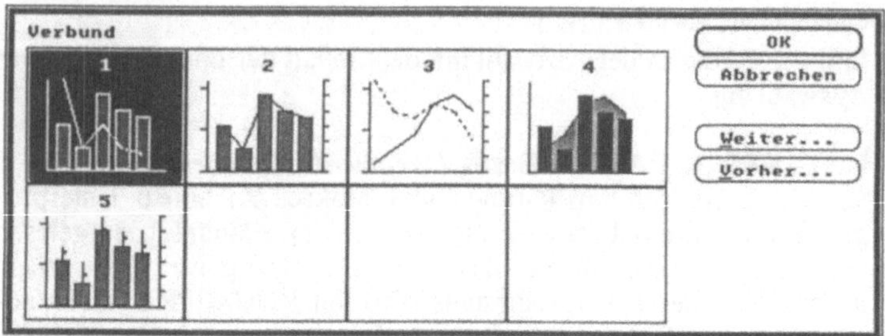


### Bearbeiten Verknüpfen und Einfügen

**VERKNÜPFEN.UND.EINFÜGEN( )**

stellt einen absoluten externen Bezug zur Quelltabelle  eines ausgeschnittenen oder kopierten Inhaltes her. Beim Ausschneiden bleibt
der Quellwert erhalten, beim Kopieren kann mehrfach eingefügt
werden. Der Zielwert kann sich Änderungen des Quellwertes dyna-
misch anpassen.

### Datei Verknüpfte Dateien laden...

**VERKNÜPFTE.DATEIEN(***Datei_Text***)**

liefert eine horizontale Textmatrix, die die Namen aller Tabellen mit
externen Bezügen in der angegebenen oder der aktiven Datei wieder-
gibt.

Anm.: Die Funktion muß als Matrix eingegeben werden.

### Datei Verknüpfte Dateien laden...

**VERKNÜPFTE.DATEIEN.LADEN?(Datei_Text1;**
*Datei_Text2;...;Nur_Lesen*)

lädt alle durch absolute externe Bezüge verknüpften Dokumente zu
den angegebenen Dateien. Es kann bis zu 13 mal *Datei_Text* angegeben werden. Ist *Nur_Lesen* = WAHR, kann nicht in die geladenen

Dateien geschrieben bzw. geändert werden, sonst doch.Externe Bezüge und Fernbezüge werden automatisch beim Laden aktualisiert.

## Datei Verknüpfte Dateien laden...

### VERKNÜPFUNG.WECHSELN?(Alte_Verknüpfung; Neue_Verknüpfung)

wechselt die Verknüpfung einer alten auf eine neue Datei. Dabei werden alle externen Bezüge auf die alte Datei durch neue ersetzt. Die Argumente sind Dateinamen in Textform.

### VERZEICHNIS(*Pfadtext*)

setzt das aktuelle Laufwerk und Verzeichnis auf den in Pfadtext beschriebenen Pfad. Der neue Verzeichnisname wird als Text zurückgemeldet. Fehlt das Argument, wird das aktuelle Verzeichnis zurückgemeldet.

## _Systemmenü Vollbild / Wiederherstellen  (Dateifenster)

### VOLLBILD(Wahrheitswert)                 STRG+F10  / STRG+F5

vergrößert das aktive Fenster maximal, wenn das Argument WAHR ist, und stellt mit FALSCH den Ursprungszustand wieder her.

## Muster Vorzugsform

### VORZUGSFORM( )

wandelt das aktive Diagramm in die Form um, die mit VORZUGS-FORM.FESTLEGEN( ) gewählt wurde. Voreinstellung ist das Säulendiagramm.

## Muster Vorzugsform festlegen

### VORZUGSFORM.FESTLEGEN( )

bestimmt eine ausgewählte Diagrammform als immer zuerst anzuzeigende Form, wenn ein neues Diagramm erstellt wird.

### WARNUNG(Meldungstext;Typzahl)

zeigt ein Warnfeld auf dem Bildschirm an, das mit einer Schaltfläche bestätigt werden muß und neben einem Symbol den *Meldungstext* enthält.

*Typzahl* = 1, verlangt eine Entscheidung zwischen OK und Abbrechen. OK meldet WAHR und Abbrechen FALSCH an die Funktion zurück.

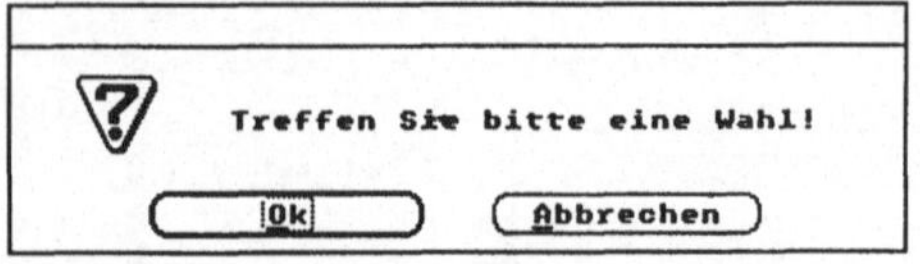


*Typzahl* = 2, verlangt z.B. eine zusätzliche Information und wird nur mit OK bestätigt.

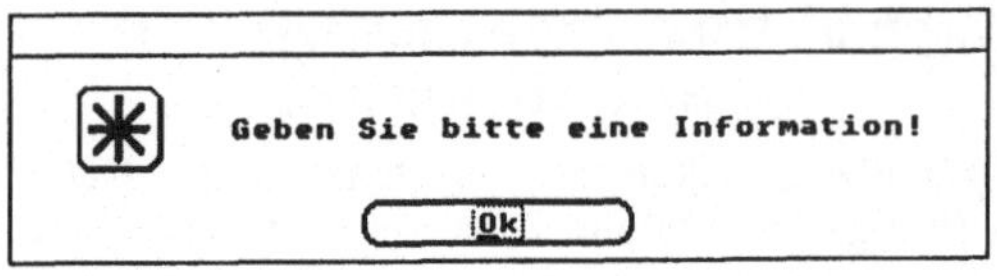


*Typzahl* = 3, macht z.B. auf einen Fehler aufmerksam, der nicht sofort behoben werden kann. Das Feld wird nur mit OK zur Kenntnisnahme bestätigt.

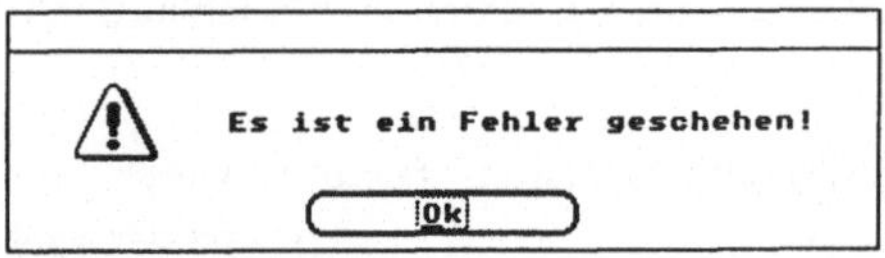


**WARTEN(Serielle_Zahl)**
hält die Ausführung eines Makros für die durch das Argument angegebene Zeitspanne an. Der Wert 0,00001 entspricht etwa einer Sekunde. Mit der ESC-Taste kann die Wartezeit abgebrochen werden, falls die Taste nicht außer Kraft gesetzt wurde; siehe ABBRECHEN.TASTE( ).

**WBILDLAUF(Bildlauf;Zeile_Wahrheitswert)**
führt einen waagerechten Bildlauf im aktiven Fenster durch, wenn *Zeile_Wahrheitswert* WAHR ist. Ziel ist dann die im Argument Bildlauf angegebene Spaltennummer als Zahl.Ist *Zeile_Wahr-heitswert* FALSCH oder fehlt, gibt *Bildlauf* einen prozentualen Wert oder Rechenausdruck in bezug auf die Gesamtbreite des Rechen-blattes an. 25 % entspricht dabei 64/256 und läuft zur Spalte 64.

**WBILDLAUF.SEITEN(Anzahl_Fenster)**
blättert waagerecht durch das Dokument in der Breite des aktiven
Fensters. *Anzahl_Fenster* ist ein positiver oder negativer Zahlenwert
und blättert nach rechts oder nach links.

**WBILDLAUF.SPALTEN(Anzahl_Spalten)**
blättert waagerecht durch das Dokument in der Breite der Spalten.
*Anzahl_Spalten* ist ein positiver oder negativer Zahlenwert und blättert nach rechts oder nach links.

**WEITER( )**
bildet den Fuß einer FÜR() oder SOLANGE() Schleife. An dieser
Stelle wird zur Schleifenbedingung zurückverzweigt, um deren
Wahrheitswert zu überprüfen. Ergibt die Prüfung FALSCH, wird
mit der nächsten Anweisung nach WEITER() fortgefahren. WEI-
TER( ) muß in der gleichen Spalte stehen wie der Schleifenkopf.

### Fenster Weitere Fenster
wird im Menü Fenster angezeigt, wenn  mehr als 9 Fenster geladen
sind. Es kann auf die erweiterte Liste aller Fenster umgeschaltet
werden.

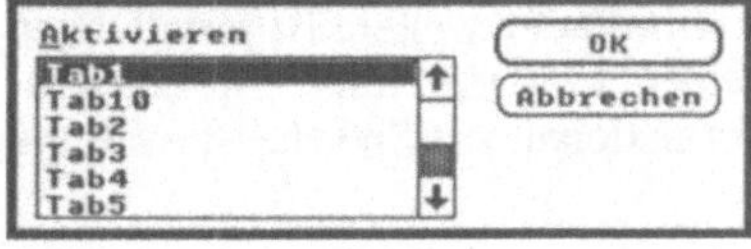


**WERT.FESTLEGEN(Bezug;Werte)**
legt einen Wert für *Bezug* neu fest oder ändert den Wert in *Bezug*.
*Bezug* ist ein Bezug im A1-Format auf ein einzelnes Feld in der Makrovorlage oder auf eine Auswahl. Bei einer Auswahl muß *Werte*
eine Werte-Matrix derselben Größe sein. Die Funktion ändert keine
Formeln in den Bezugsfeldern.

Anm.: WERT.FESTLEGEN( ) ist im allgemeinen schneller als
NAMEN.ZUORDNEN( ).

### Bearbeiten Wiederholen:Befehl/nicht möglich
ALT + EINGABE

wiederholt den zuletzt eingegebenen Befehl noch einmal.

<u>F</u>ormat **Zeilen<u>h</u>öhe...**

**ZEILENHÖHE?(Höhe;Bezug;Standardhöhe)**
verändert die Höhe der Zeilen, die in Bezug angegeben sind oder in der aktiven Auswahl, falls Bezug fehlt.

*Höhe* = eine Zahl, die die Höhe der Zeile in Punkten angibt.

*Bezug* = ein externer Bezug auf die aktive Tabelle oder ein Bezug im Z1S1-Format in Textform.

*Standardhöhe* = WAHR, wenn die Zeilenhöhe automatisch den Schriftarten in den ausgewählten Feldern angepaßt werden soll, sonst nicht. Das Argument Höhe fehlt dann.

**ZWISCHENABLAGE.EINBLENDEN( )**                    [MacIntosh]
entspricht dem Befehl System *Ausführen* mit Auswahl der Option "Zwischenablage". Der aktuelle Inhalt der Zwischenablage wird auf dem Bildschirm angezeigt.

**?**
das Hilfsmenü enthält neben dem Hilfe-Index weitere Hilfestellungen zu Lotus 123, MS-Multiplan, einen Leitfaden und ein Lernprogramm, falls installiert sowie Informationen zur Speicherverwaltung von MS-EXCEL.

# 3 Funktionenverzeichnis
## Die Tabellenfunktionen von MS-EXCEL

**ABS(Zahl)**
ermittelt den Absolutwert einer *Zahl*. Absolutwert einer Zahl ist die Zahl ohne Vorzeichen.

**ANZAHL(Wert1;*Wert2*;...)**
zählt, wieviele Zahlen in der bis zu 14 Argumente umfassenden Liste enthalten sind.
Gezählt werden nur Zahlenwerte, Leerfelder sowie Wahrheitswerte und Textdarstellungen, wenn sie in Zahlenwerte umgewandelt werden können. Ist das Argument eine Matrix oder ein Bezug, so werden ebenfalls nur die Zahlen gezählt.

**ANZAHL2(Wert1;Wert2;...)**
ermittelt die Anzahl der Werte, in der bis zu 14 Argumente umfassenden Liste.Argumente sollten Zahlen bzw. Matrizen oder Bezüge sein, die Zahlen enthalten. Leerfelder in Bezügen werden nicht berücksichtigt!

**ARCCOS(Zahl)**
ermittelt den Arkuskosinus der *Zahl* im Bogenmaß von 0 bis PI.
Zahl muß zwischen -1 und 1 liegen.

**ARCSIN(Zahl)**
ermittelt den Arkussinus der *Zahl* im Bogenmaß von -PI/2 bis PI/2.
Die Zahl muß im Bereich von -1 bis 1 liegen.

**ARCTAN(Zahl)**
ermittelt den Arkustangens der *Zahl* im Bogenmaß von -PI/2 bis PI/2.

**ARCTAN2(x_Koordinate;y_Koordinate)**
ermittelt den Arkustangens eines durch *x_Koordinate* und *y_Koordinate* dargestellten Punktes im Bogenmaß von -PI bis PI.Der Arkustangens ist der Winkel im Bogenmaß von der x-Achse zu dem Punkt mit den *Koordinaten x und y*.Ist sowohl *x_Koordinate* als auch *y_Koordinate* = 0, so wird der Fehlerwert #DIV/0! geliefert.

## BEREICHE(Bezug)

ermittelt die Anzahl der Bereiche im angegebenen Bezug.

*Bezug* kann sich auf einzelne Bereiche oder Felder oder auf Mehrfachbereiche, die durch eine Mehrfachauswahl aktiviert wurden, beziehen.

Anm.:   Diese Funktion eignet sich gut, um in Makros herauszufinden, ob ein Bezug eine Mehrfachauswahl ist.

## BW(Zins;Zzr;Rmz;Zw;F)

ermittelt den Barwert oder den aktuellen Pauschalbetrag, um einen angegebenen Ertrag in einen bestimmten Zeitraum zu erzielen.

$F$ = die Fälligkeit der Zahlungen :

0 = oder ausgelasssen = am Ende der Periode;

1 = am Anfang der Periode .

*Rmz* = der in jedem Zeitraum geleistete, regelmäßige Zahlungsbetrag, der Kapital und Zinsen enthält.

*Zins* = der Zinssatz pro Zeitraum als monatlicher Wert.

*Zw* = der zukünftige Wert, der durch die Barzahlungen erreicht werden soll: der Standardwert als zukünftiger Wert eines Darlehens ist zumeist 0.

*Zzr* = die Gesamtzahl der Zahlungszeiträume bei Jahreszahlungen und wird als monatlicher Wert angegeben.

## CODE(Text)

ermittelt den ASCII-CODE des ersten Zeichens in Text.

## COS(Winkel)

ermittelt den Kosinus der im Bogenmaß angegebenen Zahl von *Winkel*. Winkel in Grad werden durch die Multiplikation mit PI( )/180 in Bogenmaß umgewandelt.

## DATUM(Jahr;Monat;Tag)

wandelt das entsprechende Datum für *Jahr*, *Monat* und *Tag* in eine serielle Zahl um. Die serielle Zahl ist eine ganze Zahl im Bereich von 0 bis 65380, die dem Datum vom 1.1.1900 bis zum 31.12.2078 entspricht. Bei Konstanten wird automatisch der Datumstext wie z.B. "15.4.1988" oder "15.April 1988" in eine serielle Zahl umgewandelt.

## DATWERT(Datumstext)

wandelt *Datumstext* in eine serielle Zahl um. *Datumstext* ist ein gültiges Datum im Textformat wie z.B. "25.1.88" oder "25.Januar 1988". Die Funktion dient der Kompatibilität zu anderen Tabellenkalkulationen.

**DBANZAHL(Datenbank;*Feld*;Suchkriterien)**
liefert die Anzahl der *Datenbankfelder*, die Zahlen enthalten und deren Sätze die Suchkriterien erfüllen.
Vgl. Kapitel *4.3.1 Datenbankfunktionen*

**DBANZAHL2(Datenbank;*Feld*;Suchkriterien)**
ermittelt die Anzahl der nicht leeren Felder in der Spalte *Feld* der *Datenbanksätze*, die die Suchkriterien erfüllen.
Vgl. Kapitel *4.3.1 Datenbankfunktionen*

**DBMAX(Datenbank;Feld;Suchkriterien)**
ermittelt die größte Zahl aus der Spalte Feld der *Datenbank*, deren Sätze die *Suchkriterien* erfüllen.
Vgl. Kapitel *4.3.1 Datenbankfunktionen*

**DBMIN(Datenbank;Feld;Suchkriterien)**
ermittelt die kleinste Zahl aus der Spalte Feld der *Datenbank*, deren Sätze die *Suchkriterien* erfüllen.
Vgl. Kapitel *4.3.1 Datenbankfunktionen*

**DBMITTELWERT(Datenbank;Feld;Suchkriterien)**
bildet den Mittelwert aller Werte aus der Spalte *Feld* der *Datenbank*, deren Sätze die *Suchkriterien* erfüllen.
Vgl. Kapitel *4.3.1 Datenbankfunktionen*

**DBPRODUKT(Datenbank;Feld;Suchkriterien)**
multipliziert die Werte aus der Spalte *Feld* der *Datenbanksätze* miteinander, die die *Suchkriterien* erfüllen.
Vgl. Kapitel *4.3.1 Datenbankfunktionen*

**DBSTDABW(Datenbank;Feld;Suchkriterien)**
ermittelt durch Schätzung aus einer Stichprobe die Standardabweichung einer Grundgesamtheit. Dafür werden die Datenbankwerte aus der Spalte *Feld* verwendet, deren Sätze die *Suchkriterien* erfüllen.
Vgl. Kapitel *4.3.1 Datenbankfunktionen*

**DBSTABWN(Datenbank;Feld;Suchkriterien)**
berechnet die Standardabweichung einer Grundgesamtheit und verwendet dafür die *Datenbankwerte* aus der Spalte Feld, deren Sätze die *Suchkriterien* erfüllen.
Vgl. Kapitel *4.3.1 Datenbankfunktionen*

**DBSUMME(Datenbank;Feld;Suchkriterien)**
bildet die Summe der Datenbankwerte aus der Spalte *Feld*, deren Sätze die *Suchkriterien* erfüllen.
Vgl. Kapitel *4.3.1 Datenbankfunktionen*

**DBVARIANZ(Datenbank;Feld;Suchkriterien)**
ermittelt durch Schätzung einer Stichprobe die Varianz einer Grundgesamtheit und verwendet dafür die Datenbankwerte aus der Spalte
*Feld*, deren Sätze die *Suchkriterien* erfüllen.
Vgl. Kapitel *4.3.1 Datenbankfunktionen*

**DBVARIANZEN(Datenbank;Feld;Suchkriterien)**
berechnet die tatsächliche Varianz einer Grundgesamtheit und verwendet dafür die Datenbankwerte aus der Spalte *Feld*, deren Sätze
die *Suchkriterien* erfüllen.
Vgl. Kapitel *4.3.1 Datenbankfunktionen*

**DIA(Kosten;Rest;Dauer;Zr)**
ermittelt den digitalen Abschreibungsbetrag eines Anlageobjektes
über einen bestimmten Zeitraum nach US-Verfahren.

*Kosten* = der Anschaffungspreis für das Anlageobjekt.

*Rest* = der Restwert am Ende der Abschreibung.

*Dauer* = die Anzahl der Zeiträume, über die das Anlageobjekt abgeschrieben wird oder die Nutzungsdauer.

*Zr* = eine Zahl für den Zeitraum, die diesselbe Einheit wie Dauer
haben muß (Jahre, Monate).

**DM(Zahl;*Dezimalstellen*)**
rundet die Zahl auf die angegebene Anzahl von *Dezimalstellen*, wandelt sie in das DM-Format um und gibt das Ergebnis als Text aus.
Das Zahlenformat ist #,##0 DM und #.##0,00 DM, wobei das letzte
Format angenommen wird, wenn *Dezimalstellen* angegeben sind.

Anm.:    ein FORMAT.ZAHLENFORMAT( ) behält Zahl seinen
         Wert, bei DM( ) wird Zahl zusätzlich in Text umgewandelt.

**ERSETZEN(Alter_Text;Beginn;Anzahl_Zeichen;Neuer_Text)**
entfernt die angegebene *Anzahl_Zeichen* aus dem alten Text ab der
Position Beginn und ersetzt diese anschließend durch einen neuen
Text.
Ist *Anzahl_Zeichen* = 0, kann auch Text ein- oder angefügt werden.
Das erste Zeichen von Alter_Text trägt die Nummer 1.

**EXP(Zahl)**
potenziert die mathematische Konstante e mit der angegebenen
*Zahl.*Um mit anderen Werten als Basis rechnen zu können, muß der
Potenzierungsoperator (^) verwendet werden.

**FAKULTÄT(Zahl)**
ermittelt die Fakultät einer *Zahl*. Wenn die angegebene *Zahl* keine
ganze Zahl ist, wird sie abgeschnitten und nicht gerundet.

**FALSCH( )**

liefert als Ergebnis den Wahheitswert FALSCH. Die Funktion wird
in der Regel als Argument innerhalb einer anderen Formel benutzt.

**FELD(Infotyp;*Bezug*)**

informiert über die Formatierung, die Position oder den Inhalt des
oberen linken Feldes in Bezug oder in der aktuellen Auswahl.Ist *Bezug* ein Mehrfachbezug, so wird der Fehlerwert #WERT! ausgegeben.

*Infotyp* gibt den gewünschte Typ von Feldinformation an:

*"Breite"* = die Spaltenbreite eines Feldes gemessen in Anzahl
Zeichen der 1.Schriftart.

*"Zeile"* = die Nummer der Zeile des oberen linken Feldes in
Bezug.

*"Spalte"* = die Nummer der Spalte des oberen linken Feldes in
Bezug.

*"Schutz"* = eine Zahl für die Sperrung von Feldern:

0 = nicht gesperrt;

1 = gesperrt.

*"Adresse"* = der Bezug des ersten Feldes in Bezug als Text.

*"Inhalt"* = der Wert von Bezug.

*"Format"* = ein Textwert für das Feldformat:

  **"G"** = Standard;

  **"F0"** = 0 oder #.##0;

  **"F2"** = 0,00 oder #.##0,00;

  **"C0"** = #.##0 DM;-#.##0 DM oder

        #.##0 DM;[rot]-#.##0 DM;

  **"C2"** = #.##0,00 DM;-#.##0,00 DM oder

        #.##0,00 DM;[rot]- #.##0,00 DM;

  **"P0"** = 0%; "P2" = 0,00%; "S2" = 0,00E+00;

  **"D1"** = T.MMMJJ;

  **"D3"** = MMM JJ;

  **"D4"** = T.M.JJ oder T.M.JJ h:mm;

  **"D6"** = h:mm:ss AM/PM; "D7" = h:mm AM/PM; "D8" =
h:mm:ss

  **"D9"** = h:mm;

*"Vorspann"* = ein Zeichen für die Ausrichtung von Text in Bezug:

"'"  = linksbündig;

"""  = rechtsbündig;

"^"  = zentriert;

" "  = leerer Text, sonstiges.

*"Typ"*  = ein Textwert für den Datentyp im Feld:

"b"  = leeres Feld;

"l"  = Textkonstante;

"v"  = Wert.

Anm.: Für Feldinformationen im Makro liefert FELD.ZUORDNEN() eine noch größere Auswahl an Attributen.

## FEST(Zahl;Dezimalstellen)

rundet die angegebene Zahl auf die genannten *Dezimalstellen*, wandelt sie in das Festkommaformat um und gibt das Ergebnis als Text aus. Falls *Dezimalstellen* fehlt, wird hierfür der Wert 2 angenommen.

## FINDEN(Suchtext;Text;*Beginn*)

durchsucht einen Text ab der *Position Beginn* oder ab 1 nach *Suchtext* und gibt die Positionsnummer von *Suchtext* aus.Die Funktion unterscheidet Groß- und Kleinbuchstaben und der Suchtext darf keine Stellvertreterzeichen enthalten. Text kann auch ein Name oder ein Bezug sein.

## GANZZAHL(Zahl)

rundet Zahl auf die nächst kleinere ganze Zahl ab.

## GDA(Kosten;Rest;Dauer;Zeitraum)

ermittelt nach dem geometrisch degressiven Abschreibungsverfahren den Abschreibungswert eines Anlageobjektes für einen bestimmten Zeitraum.

*Zeitraum* und *Dauer* werden in der gleichen Einheit angegeben als Anzahl von Monaten oder Jahren.

*Rest* ist der Wert des Anlageobjektes am Ende der Lebensdauer.

## GLÄTTEN(Text)

löscht alle Leerzeichen aus *Text*, bis auf ein Leerzeichen zwischen den Wörtern. *Text* kann auch ein Name oder ein Bezug sein.

## GROSS(Text)

wandelt alle Kleinbuchstaben in *Text* in Großbuchstaben um. *Text* kann auch ein Name oder ein Bezug sein.

**GROSS2(Text)**
wandelt den ersten Buchstaben in *Text* und den ersten Buchstaben,
der auf ein Zeichen folgt, das kein Buchstabe ist, in Großbuchstaben
um. Alle anderen Buchstaben werden in Kleinbuchstaben umgewandelt. *Text* kann auch ein Name ein Bezug oder eine Funktion sein.

**IDENTISCH(Text1;Text2)**
ergibt den Wahrheitswert WAHR, wenn *Text1* und *Text2* genau die
gleichen Zeichen enthalten, sonst FALSCH. *Text* kann auch ein
Name oder ein Bezug sein.

**IKV(Werte;*Schätzwert*)**
ermittelt den internen Kapitalverzinzungssatz für eine Reihe von regelmäßigen Cashflows, dargestellt durch die Zahlen in *Werte*.

*Werte* muß eine Matrix oder ein Bezug auf Felder sein, die Zahlen
enthalten mit mindestens einem positiven und einem negativen Wert.

*Schätzwert* ist eine Zahl, die nach einer Schätzung dem Ergebnis von
IKV am nächsten kommt; als Standard ist 0,1 (10%) vorgegeben.
Berechnet wird bis die Ergebnisgenauigkeit innerhalb von 0,00001%
liegt. Ist das nach der 20. Wiederholung noch nicht der Fall, so wird
der Fehlerwert #Zahl! ausgegeben.

**INDEX(Bezug;Zeile;Spalte;*Bereich*)**
gibt einen Bezug auf ein Feld oder mehrere Felder innerhalb von *Bezug* an. *Bezug* bezieht sich auf einen oder mehrere Feldbereiche, die
bei Mehrfachauswahl in Klammern stehen müssen.

*Zeile* und *Spalte* sind ganze Zahlen und weisen auf ein Feld innerhalb
von Bezug hin, sonst wird der Fehlerwert #BEZUG! ausgegeben.
*Zeile* = 1 und *Spalte* = 1 beziehen sich auf das obere linke Feld in
Bezug.

*Bereich* ist eine Zahl für die Nummer des Bereiches bei Mehrfachauswahl.

**INDEX(Matrix;Zeile;Spalte)**
liefert den Wert eines Feldes oder einer *Matrix* innerhalb von *Matrix*.

*Matrix* ist eine Werte-Matrix oder ein Bezug darauf.
Es wird der Wert desjenigen Feldes in der Matrix angegeben, das
durch die Argumente *Zeile* und *Spalte* ausgewählt wird. Zeile = 1
und Spalte = 1 bezeichnen das erste Feld von *Matrix*.

**INDIREKT(Bezug_Text;*Bezugsart*)**
liefert einen Bezug aus *Bezug_Text* in Textform und ermittelt den
zugeordneten Wert.

*Bezug_Text* = ein Name oder ein Bezug, der einen Bezugstext enthält.

*Bezugsart* = WAHR oder ausgelassen, wenn der Bezugstyp von Bezug_Text das A1-Format hat, sonst FALSCH und Z1S1-Format.

**ISTBEZUG(Wert)**
liefert den Wahrheitswert WAHR, wenn Wert ein Bezug oder eine Bezugsformel ist, sonst FALSCH.

**ISTFEHL(Wert)**
liefert den Wahrheitswert WAHR, wenn Wert ein Fehlerwert mit Ausnahme von #NV ist, sonst FALSCH.

**ISTFEHLER(Wert)**
liefert den Wahrheitswert WAHR, wenn Wert ein beliebiger Fehlerwert ist, sonst FALSCH.

**ISTKTEXT(Wert)**
liefert den Wahrheitswert WAHR, wenn Wert kein Text ist, sonst FALSCH.

**ISTLEER(Wert)**
liefert den Wahrheitswert WAHR, wenn sich Wert auf ein leeres Feld bezieht, sonst FALSCH.

**ISTLOG(Wert)**
liefert den Wahrheitswert WAHR, wenn Wert ein logischer Ausdruck ist, sonst FALSCH.

**ISTNV(Wert)**
liefert den Wahrheitswert WAHR, wenn Wert der Fehlerwert #NV für Wert nicht verfügbar enthält, sonst FALSCH.

**ISTTEXT(Wert)**
liefert den Wahrheitswert WAHR, wenn Wert ein Text ist, sonst FALSCH.

**ISTZAHL(Wert)**
liefert den Wahrheitswert WAHR, wenn Wert eine Zahl ist, sonst FALSCH.

**JAHR(Serielle_Zahl)**
liefert die der seriellen Zahl entsprechende Jahreszahl.
Serielle_Zahl kann zwischen 0 und 65380 liegen, was dem Datum 1.1.1900 und 31.12.2078 entspricht. Wird das Argument als Text eingegeben, wird es automatisch in eine serielle Zahl umgewandelt.

**JETZT( )**
liefert die serielle Zahl des aktuellen Datums und der Uhrzeit entsprechend der im Computer eingebauten Uhr.

**KAPZ(Zins;Zr;Zzr;Bw;Zw;F)**
liefert die Zahlung auf das Kapital über einen gegebenen Zeitraum für eine Investition auf der Grundlage von regelmäßigen, konstanten Zahlungen bei einem konstanten Zinssatz.

*Zins* = der Zinssatz pro Zeitraum.

*Zr* = der Zinszeitraum und muß im Bereich 1 und Zzr liegen.

*Zzr* = die Gesamtzahl der Zahlungszeiträume bei Jahreszahlungen.

*BW* = der Barwert, der Pauschalbetrag einer Reihe von Zahlungen.

*Zw* = der zukünftige Wert, der durch die Barzahlungen erreicht werden soll; Standardwert ist 0 als zukünftiger Wert eines Darlehens.

*F* = eine Zahl für die Fälligkeit des Darlehens bezogen auf Zr:

    0 oder ausgelassen = am Ende;

    1 = am Anfang .

**KLEIN(Text)**
wandelt alle Großbuchstaben in Text in Kleinbuchstaben um.

**KÜRZEN(Zahl)**
liefert den ganzzahligen Teil von *Zahl*.

**LÄNGE(Text)**
liefert die Anzahl der Zeichen in *Text*.

**LIA(Kosten;Rest;Dauer)**
liefert den Wert der linearen Abschreibung für ein Anlageobjekt über einen einzigen Zeitraum.
*Kosten* = der Anschaffungspreis für das Anlageobjekt.
*Rest* = der Restwert am Ende des Abschreibungszeitraums.
*Dauer* = die Anzahl der Zeiträume, über die das Anlageobjekt abgeschrieben wird. Die ist meist die Anzahl der Jahre.

**LINKS(Text;*Anzahl_Zeichen)***
liefert die Zeichenfolge aus den ersten *Anzahl_Zeichen* Zeichen in *Text*.
*Anzahl_Zeichen* muß größer als 0 sein. Falls sie größer ist als die Länge des Textes, so wird nur der gesamte Text ausgegeben.

**LN(Zahl)**

liefert den natürlichen Logarithmus der *Zahl* auf der Basis der Konstanten e (e = 2,71828182845904).

**LOG(Zahl;*Basis*)**

liefert den Logarithmus von *Zahl* zur *Basis*. Wird Basis nicht angegeben, so wird der Wert 10 angenommen.

**LOG10(Zahl)**

liefert den Zehnerlogarithmus einer positiven Zahl.

**MAX(Zahl1;*Zahl2*;...)**

liefert die größte Zahl aus der Liste der bis zu 14 angegebenen Argumente. Die Argumente müssen Zahlen bzw. Matrizen oder Bezüge sein, die Zahlen enthalten.

*MDET(Matrix)*

liefert den Wert der Determinante einer Matrix. *Matrix* ist eine Werte-Matrix oder ein Bezug auf einen solchen Bereich, muß Zahlen enthalten und quadratisch sein.

**MIN(Zahl1;*Zahl2*;...)**

liefert die kleinste Zahl aus der Liste der bis zu 14 angegebenen Argumente. Die Argumente müssen Zahlen bzw. Matrizen oder Bezüge sei, die Zahlen enthalten.

**MINUTE(Serielle_Zahl)**

liefert eine ganze Zahl von 0 bis 59, die der seriellen Zahl entspricht. *Serielle_Zahl* kann zwischen 0 und 65380 liegen. Die Nachkommastellen stehen für die Zeit: 0,0007 entspricht 1 Minute. Serielle_Zahl kann auch ein Text für die Uhrzeit sein: "12:28:00".

**MINV(Matrix)**

liefert die Inverse einer Matrix. *Matrix* ist eine Werte-Matrix oder ein Bezug auf einen solchen Bereich, muß Zahlen enthalten und quadratisch sein.

**MITTELWERT(Zahl1;*Zahl2*;...)**

ermittelt den Mittelwert der bis zu 14 Argumente. Die Argumente sind Zahlen bzw, Matrizen oder Bezüge, die Zahlen enthalten.

**MMULT(Matrix1;Matrix2)**

berechnet das Produkt von *Matrix1* und *Matrix2*, wobei die Ergebnis-Matrix dieselbe Anzahl Zeilen wie *Matrix1* und dieselbe Anzahl Spalten wie *Matrix2* hat.Die Anzahl der Spalten in *Matrix1* muß mit der Anzahl der Zeilen in *Matrix2* übereinstimmen. Beide Matrizen dürfen nur Zahlen enthalten.

**MONAT(Serielle_Zahl)**
liefert eine ganze Zahl von 1 bis 12, die der seriellen Zahl entspricht.
*Serielle_Zahl* kann eine beliebige Zahl zwischen 0 und 65380 sein
oder ein Text für das Datum: "1.Jan 1990".

**MTRANS(Matrix)**
liefert eine transpornierte *Matrix*. Dabei wird die erste Zeile der
*Matrix* als erste Spalte der neuen Matrix, die zweite Zeile der Matrix
als zweite Spalte der neuen *Matrix* usw. verwendet.

**N(Wert)**
übersetzt einen Wert in eine Zahl. Wenn Wert eine Zahl ist, wird
diese Zahl ausgegeben; wenn Wert = WAHR ist, wird 1 ausgegeben. In allen anderen Fällen wird 0 ausgegeben.
Diese Funktion dient zur Kompatibilität mit anderen Programmen,
da MS-EXCEL die Umwandlung automatisch leistet.

**NBW(Zins;Wert1;*Wert2*;...)**
liefert den Nettobarwert einer Investition auf der Grundlage einer
Reihe von regelmäßigen Cashflows und einem Diskontsatz, *Zins*.

*Wert1;...Wert13* sind die Cashflows. Sie müssen gleiche Abstände
haben und am Ende eines jeden Zeitraumes berechnet werden. Wert
muß aus Zahlen bzw. aus Matrizen oder Bezügen bestehen, die
Zahlen enthalten.

**NICHT(Wahrheitswert)**
kehrt den Wert eines Wahrheitswertes um. Wahrheitswert wird meist
von anderen Funktionen zurückgemeldet. NICHT( ) wird häufig mit
bedingten Abfragen wie WENN( ) verwendet.

**NV( )**
liefert den Fehlerwert #NV für "Wert nicht verfügbar"und wird zur
Kennzeichnung von leeren Feldern verwendet. Es kann auch direkt
#N/V in ein Feld eingegeben werden.

**ODER(Wahrheitswert1;*Wahrheitswert2*;...)**
liefert den Wahrheitswert WAHR, wenn mindestens eines der bis zu
14 angegebenen Argumente WAHR ist, sonst FALSCH.
Die Argumente sind Wahrheitswerte bzw. Matrizen oder Bezüge, die
Wahrheitswerte enthalten.

**PI( )**
liefert die mathematische Konstante PI auf 15 Stellen genau.

**PRODUKT(Zahl1;*Zahl2*;...)**
multipliziert alle Zahlen der bis zu 14 Argumente miteinander und
gibt das Ergebnis aus.

**QIKV(Werte;Investitionssatz;Reinvestitionssatz)**
dient zur Berechnung des qualifizierten internen Kapitalverzinsungs-
satzes für eine Reihe von regelmäßigen Cashflows, die durch die
Zahlen in Werte dargestellt werden.

*Werte* = eine Werte-Matrix oder ein Bezug, der Zahlen enthält. Die
Zahlen stellen eine Reihe von Zahlungen mit negativen Werten und
Einnahmen mit positiven Werten dar. Es muß mindestens ein Wert
positiv und ein Wert negativ sein, sonst wird der Fehlerwert
#DIV/0! ausgegeben. Aus der Reihenfolge der Werte ergibt sich die
Reihenfolge des Cashflows.

*Investitionssatz* = die Höhe der Investitionskosten.

*Reinvestitionssatz* = Kapital und Zinsen bei der Rückzahlung.


**RECHTS(Text;*Anzahl_Zeichen*)**
liefert die letzten Zeichen aus Text in der Länge von *An-
zahl_Zeichen. Anzahl_Zeichen* muß größer als 0 sein.


**REST(Zahl;Divisor)**
liefert einen Divisionsrest (Modulo), nachdem die Zahl durch den
*Divisor* geteilt wurde.
Wenn Divisor = 0 ist, wird der Fehlerwert #DIV/0! ausgegeben.


**RGP(Bekannte_y_Werte;*Bekannte_x_Werte)***
berechnet aus einer angegebenen Wertegruppe eine entsprechende
Gerade und liefert eine Matrix, die die Gerade beschreibt.

*Bekannte_y_Werte* und *Bekannte_x_Werte* sind Werte-Matrizen und
können einen oder mehrere Variablensätze enthalten. Wenn nur eine
Variable benutzt wird, können *Bekannte_x_Werte* und *Be-
kannte_y_Werte* verschieden angeordnet werden. Wenn mehr als
eine Variable genutzt wird, muß die Matrix *Bekannte_y_Werte* ein
Vektor sein. Wenn *Bekannte_x_Werte* nicht angegeben wird, nimmt
RGP ( ) hierfür die Matrix derselben Größe wie die Matrix *Be-
kannte_y_Werte* an.


**RKP(Bekannte_y_Werte;*Bekannte_x_Werte)***
paßt eine Exponentialkurve an die Matrizen *Bekannte_y_Werte* und
*Bekannte_x_Werte* an und liefert eine horizontale Matrix, die diese
Kurve beschreibt.Die Matrix *Bekannte_x_Werte* kann einen oder
mehrere Variablensätze enthalten. Wenn nur eine Variable benutzt
wird, können *Bekannte_x_Werte* und *Bekannte_y_Werte* verschieden
angeordnet werden. Wenn mehr als eine Variable genutzt wird, muß
die Matrix *Bekannte_y_Werte* ein Vektor sein. Wenn *Be-*

*kannte_x_Werte* nicht angegeben wird, nimmt RKP hierfür die Matrix derselben Größe wie die Matrix *Bekannte_y_Werte* an.

## RMZ(Zins;Zzr;Bw;*Zw;F*)
liefert die Zahlung für eine Investition auf der Grundlage von regelmäßigen, konstanten Zahlungen bei einem konstanten Zinssatz.

*Zins* = der Zinssatz pro Zeitraum.

*Zzr* = die Gesamtzahl der Zahlungszeiträume bei Jahreszahlungen.

*BW* = der Barwert, der Pauschalbetrag einer Reihe von Zahlungen.

*Zw* = der zukünftige Wert, der durch die Barzahlungen erreicht werden soll. Der Standardwert ist 0 für den zukünftigen Wert eines Darlehens.

*F* = eine Zahl für die Fälligkeit bezogen auf Zzr:

    0 oder ausgelassen = am Ende;

    1 = am Anfang.

## RUNDEN(Zahl;Anzahl_Stellen)
rundet *eine* Zahl auf die angegebene Anzahl von Stellen.
Wenn *Anzahl_Stellen* größer 0 ist, wird *Zahl* auf die angegebene Anzahl Dezimalstellen abgerundet. Ist *Anzahl_Stellen* gleich 0, wird *Zahl* auf die nächste ganze Zahl abgerundet.
Ist *Anzahl_Stellen* kleiner als 0, wird *Zahl* auf die entsprechende Stelle <u>vor</u> dem Komma gerundet.

## SÄUBERN(Text)
löscht alle Steuerzeichen aus dem Text.

## SEKUNDE(Serielle_Zahl)
liefert eine Zahl von 0 bis 59, die der seriellen Zahl entspricht.
*Serielle_Zahl* kann eine beliebige Zahl zwischen 0 und 65380 sein. Die Nachkommastellen stehen für die Zeit: 0,00001 entspricht ca. 1 Sekunde. Serielle_Zahl kann auch ein Text für die Uhrzeit sein wie "12:28:05".

## SIN(Winkel)
liefert den Sinus der im Bogenmaß angegebenen Zahl von *Winkel*. Winkel in Grad werden durch die Multiplikation mit PI()/180 in Bogenmaß umgewandelt.

## SPALTE(Bezug)
liefert die Spaltennummer von *Bezug*. Ist *Bezug* ein Feldbereich, so wird die Spaltennummer von *Bezug* als eine horizontale Matrix angegeben. *Bezug* kann sich nicht auf Mehrfachbereiche beziehen. Fehlt *Bezug*, so wird die aktuelle Auswahl angenommen.

**SPALTEN(Matrix)**

gibt die Anzahl der Spalten in einer Matrix an. Matrix ist eine Text-
oder Werte-Matrix oder ein Bezug auf einen solchen Bereich.

**STABW(Zahl1;Zahl2;...)**

berechnet die Standardabweichung der aufgelisteten Zahlen auf der
Grundlage einer Stichprobe der Grundgesamtheit.
Die bis zu 14 Argumente enthalten Zahlen bzw. Matrizen oder Be-
züge, die Zahlen enthalten.

**STABWN(Zahl1;*Zahl2*;...)**

berechnet die Standardabweichung der bis zu 14 aufgeführten Argumente. Die Argumente müssen aus Zahlen bzw. aus Matrizen oder
Bezügen bestehen, die Zahlen enthalten.

**STUNDE(Serielle_Zahl)**

liefert eine Zahl von 0 bis 23, die der seriellen Zahl entspricht.
*Serielle_Zahl* kann eine beliebige Zahl von 0 bis 65380 sein. Die
Nachkommastellen stehen für die Zeit: 0, 4167 entspricht 1 Stunde.
*Serielle_Zahl* kann auch ein Text für die Uhrzeit sein wie
"12:16:05".

**SUCHEN(Suchtext;Text;*Beginn*)**

sucht innerhalb eines Textes nach dem *Suchtext* ab dem durch *Beginn*
angegebenen Zeichen oder ab dem ersten Zeichen.
Wenn der *Suchtext* "" lautet, stimmt er mit dem ersten gesuchten
Zeichen überein, dessen Position von *Beginn* festgelegt wird.Ist
*Suchtext* nicht innerhalb von Text oder, *Beginn* nicht zwischen 1 und
Länge von Text, so wird der Fehlerwert #WERT! ausgegeben.Der
*Suchtext* kann folgende Stellvertreterzeichen enthalten:

    ? für jedes beliebige einzelne Zeichen;

    * für jede beliebige Zeichenfolge.

**SUMME(Zahl1;*Zahl2*;...)**

addiert alle Zahlen der bis zu 14 Argumente miteinander und liefert
das Ergebnis. Die Argumente müssen Zahlen bzw. Matrizen oder
Bezüge sein, die Zahlen enthalten.

**SVERWEIS(Suchkriterium;Mehrfachoperationsmatrix;**
            **Spaltenindex)**

sucht in der *Mehrfachoperationsmatrix* nach einer Zeile, in deren er-
ster Spalte das *Suchkriterium* enthalten ist, bewegt sich über die
Zeile entsprechend dem *Spaltenindex* und ermittelt den Wert des
Feldes.Wird das *Suchkriterium* nicht gefunden, so wird der größte
Wert, der kleiner gleich dem *Suchkriterium* ist, ausgegeben. Ist das
*Suchkriterium* kleiner als der kleinste Wert in der ersten Spalte der
*Mehrfachoperationsmatrix*, so wird der Fehlerwert #NV! ausgege-

ben.Die Werte in der ersten Spalte der *Mehrfachoperationsmatrix* können Text, Zahlen oder Wahrheitswerte sein. Sie müssen in aufsteigender Reihenfolge sortiert sein. Es wird nicht zwischen Groß- und Kleinbuchstaben unterschieden.

Ist *Spaltenindex* kleiner als 1, so erscheint der Fehlerwert #WERT!. Ist er größer als die Anzahl der Spalten in der *Mehrfachoperationsmatrix*, so erscheint der Fehlerwert #BEZUG!.

*Spaltenindex* = eine Zahl von 1 bis Nummer der letzten Spalte der Matrix. Die erste Matrixspalte hat den Spaltenwert 1.

*Suchkriterium* = ein Wert oder eine Funktion, die einen Wert zurückmeldet.

*Mehrfachoperationsmatrix* = eine Konstanten-Matrix oder ein Bezug auf einen solchen Bereich.


**T(Wert)**
liefert den Wert als Textwert. Falls Wert ein Text ist oder sich auf einen Text bezieht, liefert T() diesen Textwert. In allen anderen Fällen liefert T( ) " " für leeren Text.


**TAG(Serielle_Zahl)**
liefert eine Zahl von 1 bis 31, die der seriellen Zahl entspricht.

*Serielle_Zahl* kann eine beliebige Zahl zwischen 0 und 65380 sein oder ein Text für das Datum wie "1.Jan 1990".


**TAN(Winkel)**
liefert den Tangens der im Bogenmaß angegebenen Zahl von Winkel. Winkel in Grad werden durch die Multiplikation mit PI()/180 in Bogenmaß umgewandelt.


**TEIL(Text;Beginn;Anzahl_Zeichen)**
liefert eine Zeichenfolge in der Länge von *Anzahl_Zeichen* aus dem *Text* ab der Position *Beginn*.
Das erste Zeichen in Text hat die Position 1 für *Beginn*.
*Beginn* darf nicht kleiner als 1 sein und *Anzahl_Zeichen* keine negativen Werte enthalten, sonst erscheint der Fehlerwert #WERT!.


**TEXT(Wert;Textformat)**
formatiert den Wert, wie durch *Textformat* festgelegt und gibt das Ergebnis als Text aus. Textformate sind bei der Makrofunktion FORMAT.ZAHLENFORMAT( ) aufgeführt.
*Textformat* muß ein mit dem Befehl *Format Zahlenformat* formatierter Text sein. Das Format darf keine * enthalten noch "Standard" sein.

**TREND(Bekannte_y_Werte;Bekannte_x_Werte;*Neue_x_Werte*)**
paßt eine Gerade an die Matrizen *Bekannte-y-Werte* und *Bekannte_x_Werte* an und ermittelt die *y-Werte* an dieser Kurve für die Matrix der angegebenen Werte *Neue_x_Werte*.Die Matrix *Bekannte_x_Werte* kann einen oder mehrere Variablensätze enthalten. Wenn nur eine Variable benutzt wird, können *Bekannte_x_Werte* und *Bekannte_y_Werte* verschieden angeordnet werden. Wenn mehr als eine Variable genutzt wird, muß die Matrix *Bekannte_y_Werte* ein Vektor sein. Wenn *Bekannte_x_Werte* nicht angegeben wird, muß eine der Dimensionen gleich der von *Bekannte_x_Werte* sein.

**TYP(Wert)**
liefert eine Zahl, die den Datentyp des *Wertes* angibt:

> Zahl = 1;
>
> Text = 2;
>
> Wahrheitswert = 4;
>
> Fehlerwert = 16;
>
> Matrix = 64.

**UND(Wahrheitswert1;*Wahrheitswert2*;...)**
liefert den Wahrheitswert WAHR, wenn <u>alle</u> Argumente wahr sind, sonst FALSCH. Die bis zu 14 Argumente enthalten Wahrheitswerte bzw. Matrizen oder Bezüge, die Wahrheitswerte enthalten.

**VARIANZ(Zahl1;*Zahl2*;...)**
ermittelt die Varianz einer Grundgesamtheit auf der Grundlage der Stichprobe, die durch die bis zu 14 Argumente angegebenen wird.
Die Argumente müssen Zahlen bzw. Matrizen oder Bezüge sein, die Zahlen enthalten.

**VARIANZEN(Zahl1;*Zahl2*;...)**
ermittelt die Varianz einer vollständigen Grundgesamtheit, die durch die bis zu 14 Argumente angegeben wird.
Die Argumente müssen Zahlen bzw. Matrizen oder Bezüge sein, die Zahlen enthalten.

**VARIATION(Bekante_y_Werte;*Bekannte_x_Werte;Neue_x_Werte*)**
paßt eine Exponentialkurve an die Daten *Bekannte_y_Werte* und *Bekannte_x_Werte* an und ermittelt an dieser Kurve die *y-Werte* für die *Neuen_x_Werte*.Wenn *Bekannte_x_Werte* nur eine Variable enthält, können *Bekannte_x_Werte* und *Bekannte_y_Werte* verschieden angeordnet sein, solange sie die gleiche Dimension haben. Wenn *Bekannte_x_Werte* mehr als eine Variable enthält, müssen *Bekannte_y_Werte* in einer einzigen Zeile oder Spalte sein. Wenn sich *Bekannte_y_Werte* in einer einzigen Spalte befinden, sollten *Be-*

*kannte_x_Werte* und *Neue_x_Werte* die gleiche Anzahl Spalten haben.
VARIATION( ) interpretiert jede Spalte von *Bekannte_x_Werte* als eine separate Variable (entsprechend bei Zeilenanordnung).Eine Dimension von *Neue_x_Werte* muß gleich sein wie *Bekannte_x_Werte*.

**VERGLEICH(Suchkriterium;Suchmatrix;*Vergleichstyp*)**
liefert eine Zahl für die relative Zeilenposition desjenigen Elements in der *Suchmatrix*, das mit dem *Suchkriterium* übereinstimmt, entsprechend dem *Vergleichtyp*. Es wird immer in der ersten Spalte der Matrix gesucht. Die erste Zeile der Matrix hat die relative Zeilenposition 1.

*Vergleichstyp* = 1 oder nicht angegeben findet den größten Wert, der kleiner gleich dem *Suchkriterium* ist. *Suchmatrix* muß in aufsteigender Reihenfolge angeordnet sein.

*Vergleichstyp* = -1 findet den kleinsten Wert, der größer gleich dem *Suchkriterium* ist. *Suchmatrix* muß in absteigender Reihenfolge angeordnet sein.

*Vergleichstyp* = 0 findet den ersten Wert, der dem *Suchkriterium* genau entspricht. *Suchmatrix* erfordert keine bestimmte Anordnung.Es wird nicht zwischen Groß- und Kleinbuchstaben unterschieden. Wird keine Übereinstimmung gefunden, so wird der Fehlerwert #NV ausgegeben. Ist Suchkriterium Text, kann es auch die Stellvertreterzeichen * und ? enthalten.


**VERWEIS(Suchkriterium;Suchvektor;Ergebnisvektor)**
sucht im Suchvektor nach dem *Suchkriterium*, geht zur entsprechenden Position im Ergebnisvektor und gibt diesen Wert aus.Kann VERWEIS( ) das *Suchkriterium* nicht finden, so liefert die Funktion den größten Wert, der kleiner oder gleich dem *Suchkriterium* ist.

*Suchvektor* und *Ergebnisvektor* sind eindimensionale Matrizen oder entsprechende Bezüge. Die Werte von *Suchvektor* können Text, Zahlen oder Wahrheitswerte sein. Sie müssen in aufsteigender Reihenfolge sortiert sein. Groß- und Kleinbuchstaben sind gleichwertig.


**VERWEIS(Suchkriterium;Matrix)**
sucht in der ersten Zeile oder Spalte der *Matrix* nach dem *Suchkriterium*, geht senkrecht oder waagerecht zum <u>letzten</u> Feld und liefert als Ergebnis den Wert dieses Feldes.Ist die Matrix quadratisch oder enthält sie mehr Spalten als Zeilen, wird in der ersten Zeile gesucht, sonst in der ersten Spalte. Im allgemeinen werden SVWEWEIS( ) und WVWEWEIS( ) verwendet.
Die Funktion ist aus Gründen der Kompatibilität mit anderen Tabellenkalkulationsprogrammen vorgesehen.

**VORZEICHEN(Zahl)**
liefert eine Zahl, die dem Vorzeichen entspricht:

    1    = positiv ;
    0    = 0 ;
    -1   = negativ.

**WAHL(Index;Wert1;Wert2;...)**
wählt mit Hilfe von *Index* einen Wert aus der Liste der angegebenen
Werte aus.*Index* ist eine Zahl, die angibt, an welcher Stelle sich ein
Wert in einer Liste von Werten befindet. *Index* kann aber auch eine
Matrix sein, die gleichzeitig mehrere Argumente auswählt.

*Wert1;...Wert13* ist die Liste, aus der der Wert gewählt wird. Es
können Zahlen, Feldbezüge oder Texte sein.
Wenn WAHL( ) in einem Makro verwendet wird, können die angegebenen Werte auch Sprungbefehle wie GEHEZU( ) oder besser
Unterprogrammaufrufe bzw. weitere aktionsausführende Funktionen
sein.

**WAHR( )**
liefert den Wahrheitswert WAHR. Wird in der Regel innerhalb einer
anderen Formel benutzt.

**WECHSELN(Text;Alter_Text;Neuer_Text;*Häufigkeit_Zahl*)**
wechselt den alten Text in *Text* gegen einen neuen Text aus.

*Häufigkeit_Zahl* ist eine Zahl, die angibt, das wievielte Vorkommnis
von *Alter_Text* ersetzt werden soll. Fehlt *Häufigkeit_Zahl*, wird jeder alte Text durch den neuen Text ersetzt.

**WENN(Wahrheitsprüfung;Dann_Wert;*Sonst_Wert*)**
liefert den *Dann_Wert,* wenn die Wahrheitsprüfung WAHR ergibt
und den *Sonst_Wert,* wenn die Wahrheitsprüfung FALSCH ergibt.
Ist kein *Sonst_Wert* angegeben, wird der Wahrheitswert FALSCH
angenommen. Mit WENN( ) können bedingte Prüfungen von Feld-
werten und Formel durchgeführt werden.
*Dann_Wert* und *Sonst_Wert* können jede beliebigen Wert haben.Es
können bis zu 7 WENN( ) Funktionen als *Dann_Wert* und
*Sonst_Wert* Argumente verschachtelt werden.Wird WENN( ) in einem Makro verwendet, können die Argumente *Dann_Wert* und
*Sonst_Wert* auch Sprungbefehle wie GEHEZU( ) oder besser Unterprogrammaufrufe bzw. weitere aktionsausführende Funktionen sein.

**WERT(Text)**
wandelt den *Text* in eine Zahl um. *Text* kann in konstanten Zahlen-,
Datums- oder Zeitformaten stehen. Durch die Umwandlung kann
wieder mit diesen Werten gerechnet werden.

**WIEDERHOLEN(Text;Multiplikator)**
wiederholt einen Text so oft, wie durch den *Multiplikator* angegeben, um einen neuen Textwert zu bilden.

*Multiplikator* muß größer als 0 sein, sonst wird leerer Text zurückgemeldet. Das Ergebnis darf 255 Zeichen nicht überschreiten.

**WOCHENTAG(Serielle_Zahl)**
liefert eine Zahl von 1 bis 7 für die Nummer des der seriellen Zahl
entsprechenden Wochentages.
*Serielle_Zahl* kann zwischen 0 und 65380 liegen. Wochentag
Nummer 1 = Sonntag, 2 = Montag...

**WURZEL(Zahl)**
berechnet die Quadratwurzel einer positiven *Zahl*.
Wenn die *Zahl* negativ ist, gibt sie den Fehlerwert #ZAHL! aus.

**WVERWEIS(Suchkriterium;Mehrfachoperationsmatrix;
Zeilenindex)**
sucht in der ersten Zeile der *Mehrfachoperationsmatrix* nach dem
*Suchkriterium*, bewegt sich abwärts in der Spalte, entsprechend dem
*Zeilenindex* und ermittelt den Wert des Feldes.Wird das *Suchkriterium* nicht gefunden, so wird der größte Wert, der kleiner gleich
dem *Suchkriterium* angenommen. Ist das *Suchkriterium* kleiner als
der kleinste Wert in der ersten Zeile der *Mehrfachoperationsmatrix*,
so wird der Fehlerwert #NV! ausgegeben.Die Werte in der ersten
Zeile der *Mehrfachoperationsmatrix* können Text, Zahlen oder
Wahrheitswerte sein. Sie müssen in aufsteigender Reihenfolge sortiert sein. Es wird nicht zwischen Groß- und Kleinbuchstaben unterschieden.
Ist *Zeilenindex* kleiner als 1, so erscheint der Fehlerwert #WERT!.
Ist *Zeilenindex* größer als die Anzahl der Zeilen in der *Mehrfachoperationsmatrix*, so erscheint der Fehlerwert #BEZUG!.

**ZEICHEN(Zahl)**
liefert das ASCII-Zeichen, welches dem Code der *Zahl* entspricht.
*Zahl* kann jede Zahl zwischen 1 und 255 sein.

**ZEILE(*Bezug*)**
liefert die Zeilennummer des *Bezugs* oder der aktuellen Auswahl.
Wenn *Bezug* mehr als eine Zeile umfaßt, gibt ZEILE( ) die Zeilen-
nummern als eine vertikale Matrix aus. Es darf kein Bezug auf
Mehrfachbereiche eingegeben werden.

**ZEILEN(Matrix)**
ermittelt die Anzahl Zeilen in der *Matrix*.

**ZEIT(Stunde;Minute;Sekunde)**
liefert die serielle Zahl der Zeit, die durch die Werte für *Stunde*, *Minute* und *Sekunde* angegeben wird.

**ZEITWERT(Zeittext)**
liefert die serielle Zahl der durch *Zeittext* angegeben Zeit.
*Zeittext* kann in jedem gültigen MS-EXCEL Zeitformat stehen.
Vgl. Makrofunktion FORMAT.ZAHLENFORMAT( )

**ZINS(Zzr;BW;*Zw;F;Schätzwert*)**
liefert den Zinssatz pro Zeitraum für eine Jahreszahlung.

*Zzr* = die Gesamtzahl der Zahlungszeiträume bei Jahreszahlungen.

*BW* = der Barwert, der Pauschalbetrag einer Reihe von Zahlungen.

*Zw* = der zukünftige Wert, der durch die Barzahlungen erreicht werden soll. Standardwert ist 0 für den zukünftigen Wert eines Darlehens.

*F* = eine Zahl für die Fälligkeit bezogen auf Zzr:

    0 oder ausgelassen = am Ende;

    1 = am Anfang.

Schätzwert = eine Schätzung für den sich ergebenen Zins (Standard ist 10 %)

**ZINSZ(Zins;Zr;Zzr;Bw;*Zw;F*)**
liefert die Zinszahlung für eine Investition über einen angegebenen Zeitraum aufgrund regelmäßiger, konstanter Zahlungen bei einem konstanten Zinssatz.

*Zins* = der Zinssatz pro Zeitraum.

*Zr* = der Zeitraum und muß im Bereich 1 und Zzr liegen.

*Zzr* = die Gesamtzahl der Zahlungszeiträume bei Jahreszahlungen.

*BW* = der Barwert, der Pauschalbetrag einer Reihe von Zahlungen.

*Zw* = der zukünftige Wert, der durch die Barzahlungen erreicht werden soll; Standardwert ist 0 für den zukünftigen Wert eines Darlehens.

*F* = eine Zahl für die Fälligkeit bezogen auf Zr:

    0 oder ausgelassen = am Ende;

    1 = am Anfang.

**ZUFALLSZAHL( )**
liefert eine Zufallszahl zwischen 0 und 1. Jedesmal, wenn das Feld neu berechnet wird, wird eine neue Zufallszahl generiert.

**ZW(Zins;Zzr;Rmz;*Bw;F*)**

liefert den zukünftigen Wert einer Investition, die auf regelmäßigen, konstanten Zahlungen und einem konstanten Zinssatz beruht.

*Zins* = der Zinssatz pro Zeitraum.

*Zzr* = die Gesamtzahl der Zahlungszeiträume bei Jahreszahlungen.

*RMZ* = die in jenem Zeitraum geleistete, regelmäßige Zahlung.

*BW* = der Barwert, der Pauschalbetrag einer Reihe von Zahlungen.

*F* = eine Zahl für die Fälligkeit bezogen auf den Zeitraum:

> 0 oder ausgelassen = am Ende;
>
> 1 = am Anfang.

**ZZR(Zins;Rmz;Bw;*Zw;F*)**

liefert die Anzahl der Zeiträume für eine Investition auf der Grundlage von regelmäßigen, konstanten Zahlungen bei einem konstanten Zinssatz.

*Zins* = der Zinssatz pro Zeitraum.

*RMZ* = die in jedem Zeitraum geleistete, regelmäßige Zahlung.

*BW* = der Barwert, der Pauschalbetrag einer Reihe von Zahlungen.

*Zw* = der zukünftige Wert, der durch die Barzahlungen erreicht werden soll; Standardwert ist 0 für den zukünftigen Wert eines Darlehens.

*F* = eine Zahl für die Fälligkeit bezogen auf den Zeitraum:

> 0 oder ausgelassen = am Ende;
>
> 1 = am Anfang.

# 4 Kurzübersicht der Befehle und Funktionen

## 4.1 Menüleistenbefehle und befehlsäquivalente Makrofunktionen

### 4.1.1 Das Systemmenü des MS-EXCEL Anwendungsfensters

```
 ─                    Microsoft Excel - Tab1                    ⇩
  Wiederherstellen    Alt+F5    l  Forma_t   D_aten   O_ptionen Ma_kro _Fenster
   B_ewegen           Alt+F7
   G_röße ändern      Alt+F8
   S_innbild          Alt+F9
   V_ollbild          Alt+F10

   S_chließen         Alt+F4

   A_usführen...
```

_Systemmenü **V**ollbild / **W**iederherstellen

**ANW.VOLLBILD(Wahrheitswert)**          ALT+F10 / ALT+F5
vergrößert das Anwendungsfenster maximal, wenn das Argument
WAHR ist, und stellt mit FALSCH den Ursprungszustand wieder
her.

_Systemmenü **B**ewegen                          ALT+F7
**ANW.BEWEGEN?(x_Position;y_Position)**
verändert die Position des MS-EXCEL Fensters am Bildschirm.

_Systemmenü **G**röße ändern...                  ALT+F8

**ANW.GRÖSSE?(x_Zahl;y_Zahl)**
verändert die Größe des MS-EXCEL Fensters am Bildschirm.

_Systemmenü **S**innbild                          ALT+F9

**ANW.SINNBILD( )**
verkleinert das Anwendungsfenster zum Piktogramm.

_Systemmenü **S**chließen                          ALT+F4
schließt das Anwendungsfenster MS-EXCEL und fragt nach der
Speicherung aller geladenen Dokumente.

_Systemmenü **Ausführen...**   (Anwendungsfenster)

**AUSF(Programm_Text;*Fenster_Zahl*)**
startet ein anderes MS-WINDOWS Programm.

## 4.1.2  Das Systemmenü der Dateifenster



_Systemmenü **Vollbild / Wiederherstellen**

**VOLLBILD(Wahrheitswert)**          STRG+F10  / STRG+F5
vergrößert das Dateifenster maximal, wenn das Argument WAHR
ist, und stellt mit FALSCH den Ursprungszustand wieder her.

_Systemmenü **Bewegen**                               STRG+F5

**BEWEGEN?(x_Position;y_Position)**
verändert die Position des Dateifensters am Bildschirm.

_Systemmenü **Größe ändern...**                       STRG+F8

**GRÖSSE?(x_Zahl;y_Zahl)**
verändert die Größe des aktiven Dateifensters am Bidschirm.

_Systemmenü **Sinnbild**                              STRG+F9

**SINNBILD( )**
verkleinert das Dateifenster zum Piktogramm.

_Systemmenü **Schließen**                             STRG+F4

**SCHLIESSEN( )**
schließt das aktive Dateifenster.

**TEILEN(*Spalte;Zeile*)**        [nur bei Tabellen und Makrovorlagen!]
teilt das aktive Fenster in Unterfenster, mit denen ein gemeinsamer
Bildlauf durchgeführt werden kann.

### 4.1.3  Das Grundmenü Datei, wenn kein Fenster aktiv ist

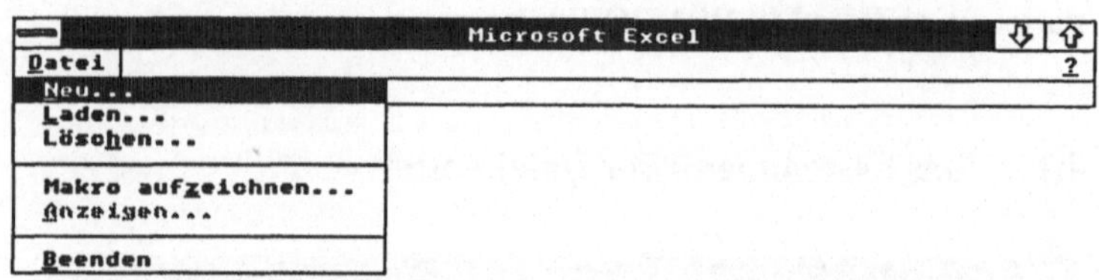



Datei **Neu**...   ALT+F1[DIA] ALT+UMSCHALT+F1[TAB]
ALT+STRG+F1[MAKRO]

**NEU?(Typ)**   oder F11[DIA] UMSCHALT+F11[TAB]
STRG+F11[MAKRO]

lädt eine neue Datei.

Datei **Laden**...   STRG+F12

**LADEN?(Datei_Text;*Aktualisieren_Verkn;Nur_Lesen*)**
lädt eine gespeicherte Datei von Festplatte oder Diskette.

Datei **Löschen**...

**DATEI.LÖSCHEN?(Name)**
löscht eine Datei von der Festplatte oder Diskette.

Makro **Aufzeichnen**...
zeichnet alle weiteren Aktionen mit dem Makrorecorder auf.

Fenster **Anzeigen**...

**ANZEIGEN(Fenster_Text)**
zeigt verborgene Dokumente an der Bildschirmoberfläche an.

Datei **Beenden**

**BEENDEN( )**
beendet MS-EXCEL und fragt ab, ob gespeichert werden soll.

## 4.1.4 Das Hilfsmenü ?

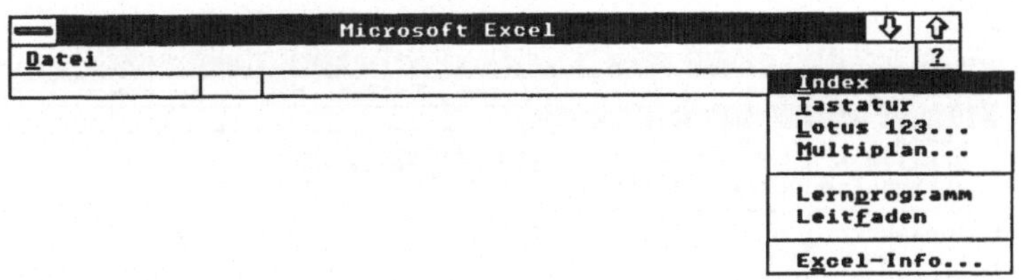

## ? Index
zeigt den Hilfe-Index in einem eigenen Fenster an.

## ? Tastatur
gibt eine Hilfestellung wie die Tastatur zu gebrauchen ist und wie
Funktionstasten belegt sind.

## ? Lotus 123...
zeigt entsprechende MS-EXCEL Befehle für eingegebene Lotus 123
Befehle an.

## ? Multiplan...
zeigt entsprechende MS-EXCEL Befehle für eingegebene MS-Multiplan Befehle an.

## ? Lernprogramm
ruft das MS-EXCEL Lernprogramm mit Einheiten zu allen wichti-
gen Themenbereichen der Leistungsmerkmale von MS-EXCEL auf.

## ? Leitfaden
ruft den MS-EXCEL Leitfaden mit Anwendungsbeispielen auf.

## ? Excel-Info...
zeigt Informationen zur Speicherverwaltung von MS-EXCEL an.

## 4.1.5 Befehle und Funktionen der Menüleiste für Tabellen und Makrovorlagen

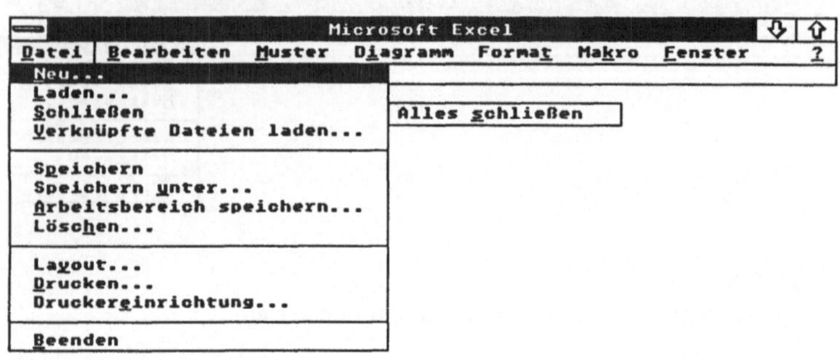


Datei **Neu**     ALT+F1[DIA] ALT+UMSCHALT+F1[TAB]
                  ALT+STRG+F1[MAKRO]

**NEU?(Typ)**         oder F11[DIA] UMSCHALT+F11[TAB]
                      STRG+F11[MAKRO]

lädt eine neue Datei.

Datei **Laden**                                    STRG+F12

**LADEN?(Datei_Text;*Aktualisieren_Verkn;Nur_Lesen*)**
lädt eine gespeicherte Datei von Festplatte oder Diskette.

Datei **Schließen**                                STRG+F4

**DATEI.SCHLIESSEN**(*Speichern_Wahrheitswert*)
schließt die Datei im aktiven Fenster.

Datei **Alles Schließen**

**ALLES.SCHLIESSEN( )**
schließt alle ungeschützten Fenster.

Datei **Verknüpfte Dateien laden...**

**VERKNÜPFTE.DATEIEN.LADEN?(Datei_Text1;**
*Datei_Text2;...; Nur_Lesen)*
lädt alle durch absolute externe Bezüge verknüpften Dokumente.

Datei **Speichern**          ALT+UMSCHALT+F2 oder
                             UMSCHALT+F12

**SPEICHERN( )**
speichert die aktive Datei ab.

Datei Speichern <u>u</u>nter...                    ALT + F2 oder F12

**SPEICHERN.UNTER?(Name;Typzahl;Paßwort;Sicherung)**
speichert die aktive Datei unter einem neuen Namen ab oder über-
schreibt die alte Datei.

## Datei <u>A</u>rbeitsbereich speichern...

**ARBEITSBEREICH.SPEICHERN?(*Name*)**
speichert alle geladenen Dokumente unter einem gemeinsamen Namen ab.

## Datei **Löschen**...

**DATEI.LÖSCHEN?(Name)**
löscht eine Datei von der Festplatte oder Diskette.

## Datei **La<u>y</u>out**...

**LAYOUT?(Kopf;Fuß;Links;Rechts;Unten;Oben;
Kopfbereich;Gitter)**
bestimmt das Druckbild einer Tabelle oder Makrovorlage.

## Datei **<u>D</u>rucken**...          ALT + STRG + UMSCHALT + F2 oder
                                    ALT + STRG + F12

**DRUCKEN?(Bereich;Von;Bis;Kopien;Entwurf;Prüfung;Teile)**
bereitet die aktuelle Datei auf den Ausdruck vor und druckt sie aus.

## Datei **Druck<u>e</u>reinrichtung**...

**DRUCKER.EINRICHTUNG?(Drucker_Text)**
aktiviert einen angeschlossenen Drucker.

## Datei **<u>B</u>eenden**

**BEENDEN( )**
beendet MS-EXCEL und fragt ab, ob gespeichert werden soll.

Bearbeiten **Rückgängig:Befehl/nicht möglich**
ALT+RÜCKTASTE

**RÜCKGÄNGIG( )**
macht nur den zuletzt ausgeführten Befehl rückgängig.

Bearbeiten **Wiederholen:Befehl/nicht möglich   ALT+EINGA
BE**
wiederholt den zuletzt eingegebenen Befehl noch einmal.

Bearbeiten **Ausschneiden**                UMSCHALT+ENTF
**AUSSCHNEIDEN( )**
schneidet den Inhalt der aktuellen Auswahl aus dem Dokument aus.

Bearbeiten **Kopieren**                        STRG+EINFG
**KOPIEREN( )**
kopiert die aktive Auswahl in die Zwischenablage.

Bearbeiten **Bild kopieren...**

**BILD.KOPIEREN(Erscheinungsbild;Größe)**
kopiert die aktuelle Auswahl als Abbildung in die Zwischenablage.

Bearbeiten **Einfügen**                     UMSCHALT+EINFG
**EINFÜGEN( )**
fügt den Inhalt der Zwischenablage an der aktuellen Cursorposition
ein.

Bearbeiten **Inhalte löschen...**                          ENTF
**INHALTE.LÖSCHEN?(Zahl)**
löscht Inhalte aus den aktiven Feldern.

Bearbeiten **Inhalte einfügen...**

**INHALTE.EINFÜGEN?(Inhalt;Operation;Überspringen;
Transponieren)**
fügt kopierte oder ausgeschnittene Feldinhalte anderswo ein.

Bearbeiten **Verknüpfen und Einfügen**

**VERKNÜPFEN.UND.EINFÜGEN( )**
stellt einen absoluten externen Bezug zur Quelltabelle der kopierten
oder ausgeschnittenen Inhalte her.

Bearbeiten **Löschen...**                              STRG+-
**BEARBEITEN.LÖSCHEN?(Zahl)**
löscht die Felder in der aktuellen Auswahl.

B̲earbeiten **Leer̲felder...**

**LEERFELDER?(Verschieben_Zahl)**
fügt leere Felder in der Größe der aktuellen Auswahl in die Tabelle
oder Makrovorlage ein.

B̲earbeiten **R̲echts ausfüllen**                                    STRG+>

**RECHTS.AUSFÜLLEN( )**
füllt die Auswahl mit dem Inhalt der linken Spalte aus.

B̲earbeiten **Links ausfüllen (R̲)**                                 STRG+<

**LINKS.AUSFÜLLEN( )**
füllt die Auswahl mit dem Inhalt der rechten Spalte aus.

B̲earbeiten **U̲nten ausfüllen**                                     STRG+<

**UNTEN.AUSFÜLLEN( )**
füllt die Felder in der Auswahl mit dem Inhalt der obersten Zeile der
Auswahl aus.

B̲earbeiten **Oben ausfüllen (U̲)**

**OBEN.AUSFÜLLEN( )**
füllt die Auswahl mit dem Inhalt der letzten Zeile aus.

Fo̲rmel **Namen e̲infügen...**                                       F3
fügt einen ausgewählten Namen aus der Namensliste in die aktive
Bearbeitungszeile ein.

Fo̲rmel **Fun̲ktion einfügen...**                            UMSCHALT+F3
fügt eine Tabellenfunktion in das aktive Feld einer Tabelle oder Makrovorlage ein.

Fo̲rmel **Bezugsart ändern**                                        F4
ändert die Bezugsarten in absolute Bezüge, relative Bezüge oder gemischte Bezüge.

Formel **Namen festlegen...**                    STRG+F3

**NAMEN.FESTLEGEN?(Name;Bezug_auf;***Makrotyp***;**
***Tastaturschlüssel*****)**
legt einen Namen im aktiven Dokument fest.


Formel **Namen übernehmen...**        STR+UMSCHALT+F3

**NAMEN.ÜBERNEHMEN?(***Oben;Links;Unten;Rechts***)**
schlägt einen Namen für die aktuelle Auswahl vor.


Formel **Namen anwenden...**

**NAMEN.ANWENDEN?(Namensmatrix;Ignorieren;**
**Verwenden_Zeile_Spalte;Spalte_weglassen;Zeile_weglassen;**
**Namen_Reihenfolge;Anhang)**
sucht in Formeln nach dem Bezugsfeld eines Namens und ersetzt
diese Definitionen durch Namen.


Formel **Notiz...**                    UMSCHALT+F2

**NOTIZ(Text;Feldbezug;Anfang;Anzahl_Zeichen)**
legt eine Feldnotiz an oder ersetzt Zeichen in einer Notiz.


Formel **Gehe zu...**                              F5

**FORMEL.GEHEZU?(Bezug)**
macht den Bezug zur aktiven Auswahl.


Formel **Suchen...**                    UMSCHALT+F5

**FORMEL.SUCHEN?(Text;In_Zahl;Vergleiche_Zahl;Nach_Zahl;**
***Richtung***)**
sucht nach einer angegebenen Formel.


Formel **Ersetzen...**

**FORMEL.ERSETZEN?(Suchtext;Ersatztext;***Vergleiche;***
***Suche_nach;Aktuelles_Feld***)**
ersetzt einen gesuchten Text durch den angegebenen Ersatztext.


Formel **Inhalte auswählen...**

**INHALTE.AUSWÄHLEN(Typzahl;***Wertetyp;Ebene***)**
wählt den Inhalt eines Feldes in Abhängigkeit der Argumente aus.

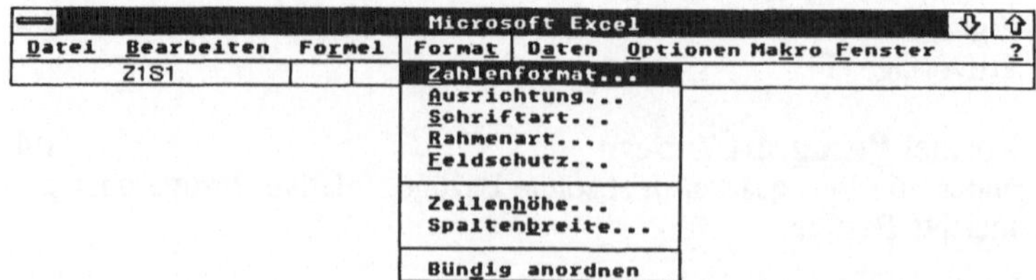

Format Zahlenformat...

**FORMAT.ZAHLENFORMAT?(Formattext)**
formatiert eine Zahl nach einem vorgegebenen oder selbst definierten
Format.

Format **Ausrichtung...**
**AUSRICHTUNG?(Typzahl)**
richtet die Feldinhalte unterschiedlich aus.

Format **Schriftart...**

**FORMAT.SCHRIFTART?(Name;Größe;Fett;Kursiv;
Unterstreichen;Durchstreichen)**
formatiert Text nach vorgegebenen oder selbst definierten Mustern.

Format **Rahmenart...**

**RAHMENART?(Gesamt;Rand_links;Rand_rechts;Rand_oben;
Rand_unten;Schraffieren)**
legt einen Rahmen für die Felder der aktuellen Auswahl fest.

Format **Feldschutz...**

**FELDSCHUTZ?(*Gesperrt;Formel_verbergen*)**
kann die Felder in der aktiven Auswahl für eine Eingabe freigeben,
wenn die Datei geschützt ist.

Format **Zeilenhöhe...**

**ZEILENHÖHE?(Höhe;Bezug;Standardhöhe)**
verändert die Höhe der Zeilen in der aktiven Auswahl.

Format **Spaltenbreite...**

**SPALTENBREITE?(Breite;*Bezug*)**
legt die Breite der Spalten in der aktiven Auswahl fest.

Format **Bündig anordnen**

**BÜNDIG.ANORDNEN( )**
ordnet Text über mehrere Felder bündig an.

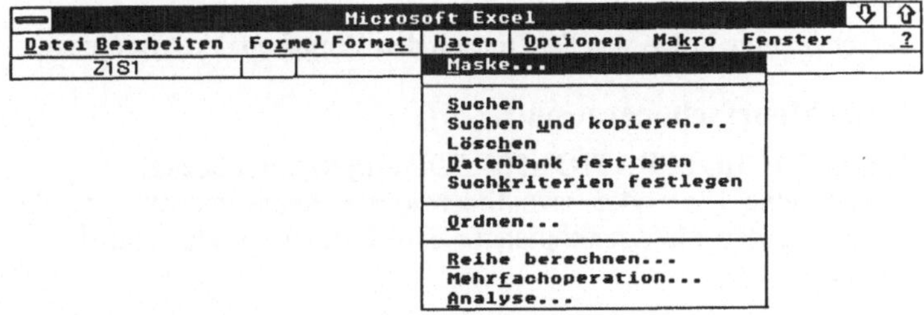

### Daten Maske...

**MASKE( )**
ruft die Standard-Datenbankmaske von MS-EXCEL auf.

### Daten Suchen

### Daten Suche abbrechen

**DATEN.SUCHEN(Wahrheitswert)**
sucht Daten in einer Datenbank gemäß den Suchkriterien.

### Daten Suchen und Kopieren...

**SUCHEN.KOPIEREN?(Keine_Doppel)**
sucht Daten in einer Datenbank gemäß den Suchkriterien und kopiert
sie in einen ausgewählten (aktiven) Zielbereich.

### Daten Löschen

**DATEN.LÖSCHEN?( )**
löscht alle Daten aus der Datenbank, die den Suchkriterien entsprechen.

### Daten Datenbank festlegen

**DATENBANK.FESTLEGEN( )**
legt die aktive Auswahl als Datenbank fest.

### Daten Suchkriterien festlegen

**SUCHKRITERIEN.FESTLEGEN( )**
legt die aktive Auswahl als Bezug für die Suchkriterien einer Datenbank fest.

### Daten Ordnen

**ORDNEN?(Ordnen;Schlüssel1;Reihenfolge1;*Schlüssel2;
Reihenfolge2;Schlüssel3;Reihenfolge3*)**
ordnet die Daten in der Auswahl nach bis zu 3 Sortierkriterien.

### Daten Reihe berechnen...

**DATENREIHE.BERECHNEN?(Zeile_Spalte;Typ;Datum;
Schrittweite;Endwert)**
berechnet eine Folge von Daten nach den Vorgaben der Argumente.

### Daten Mehrfachoperation...

**MEHRFACHOPERATION?(Zeilenbezug;Spaltenbezug)**
erzeugt eine ein- oder zweidimensionale Rechenmatrix, die die
Werte aus den Matrizenköpfen in eine Formel einsetzt und durchrechnet.

## Daten **Analyse...**

**ANALYSE(Analysetext)**
teilt einen langen Text, der sich in einem Feld befindet, auf mehrere
Felder auf.



## Optionen **Druckbereich festlegen**

**DRUCKBEREICH.FESTLEGEN( )**
legt die aktuelle Auswahl unter dem Namen "Druckbereich" fest.

## Optionen **Drucktitel festlegen**

**DRUCKTITEL.FESTLEGEN( )**
legt die aktive Auswahl unter dem Namen "Drucktitel" fest.

## Optionen **Seitenumbruch festlegen**

**SEITENUMBRUCH.FESTLEGEN( )**
legt manuell einen neuen Seitenumbruch direkt rechts oder oberhalb
des aktiven Feldes zum Drucken fest.

## Optionen **Seitenumbruch aufheben**

**SEITENUMBRUCH.AUFHEBEN( )**
hebt einen manuellen Seitenumbruch zum Drucken auf.

## Optionen **Bildschirmanzeige...**

**BILDSCHIRMANZEIGE(*Formel;Gitternetzlinien;Kopf;*
*Null;Farbe*)**
bestimmt die Anzeigeform eines Dokumentes am Bildschirm.

## Optionen **Fenster fixieren**

## Optionen **Fensterfixierung aufheben**

**FENSTER.FIXIEREN(Wahrheitswert)**
fixiert die Teilung des aktiven Fensters.

Optionen **Datei schützen...**

Optionen **Dateischutz aufheben...**

**DATEI.SCHÜTZEN?**(*Inhalt;Fenster*)
schützt alle gesperrten Felder der aktiven Datei oder hebt deren
Schutz wieder auf.

Optionen **Berechnen...**

**BERECHNEN?(Typzahl;Iteration;Max_Zahl;Änderungs-
höchstwert;Aktualisieren;Genauigkeit;1904)**
berechnet die gesamte Tabelle je nach Argument neu.

Optionen **Datei berechnen**                      UMSCHALT+F9

**DATEI.BERECHNEN( )**
berechnet alle Formeln der aktiven Datei neu.

Optionen **Neu berechnen**                                    F9

**NEUBERECHNEN( )**
berechnet alle von Veränderungen betroffenen  Werte in allen geladenen Dateien neu.

Optionen **Arbeitsbereich...**

**ARBEITSBEREICH?(Fest;Dezimal;Z1S1;Bildlauf;Status;
Bearbeitung;Menü;Fern)**
legt die Arbeitsumgebung für alle Dokumente fest.

Optionen **Ganze Menüs**

Optionen **Kurzmenüs**

**KURZMENÜS(Wahrheitswert)**
zeigt alle Befehle von MS-EXCEL in den Menüs an oder verkürzt
sie und läßt Befehle für fortgeschrittene Anwender weg.

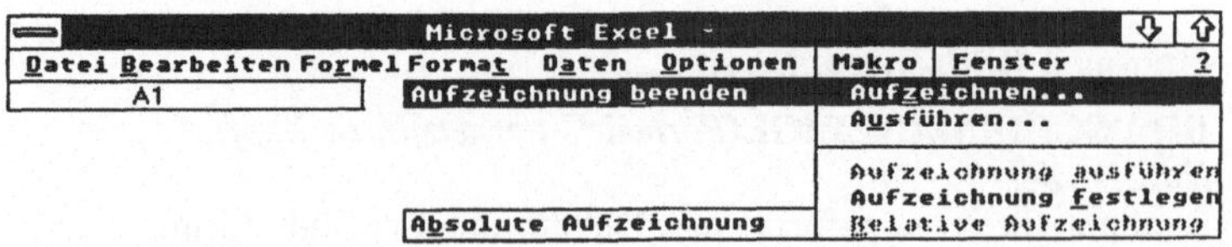


**Makro Aufzeichnen...**
zeichnet alle weiteren Aktionen mit dem Makrorecorder auf.

**Makro Aufzeichnung beenden**
beendet die Aufzeichnung eines Befehlsmakros.

## Makro Ausführen...

ruft ein Dialogfeld aller geladenen Makros auf, um auszuwählen und
einen Makro zu starten.

## Makro Aufzeichnung ausführen

führt die Aufzeichnung eines Makros weiter fort.

## Makro Aufzeichnung festlegen

legt das Feld zum Ergänzen eines bestehenden Makros fest.

## Makro Relative Aufzeichnung

zeichnet einen Makro im relativen Bezugsformat auf.

## Makro Absolute Aufzeichnung

zeichnet einen Makro mit dem Makrorecorder mit absoluten Bezügen
auf.

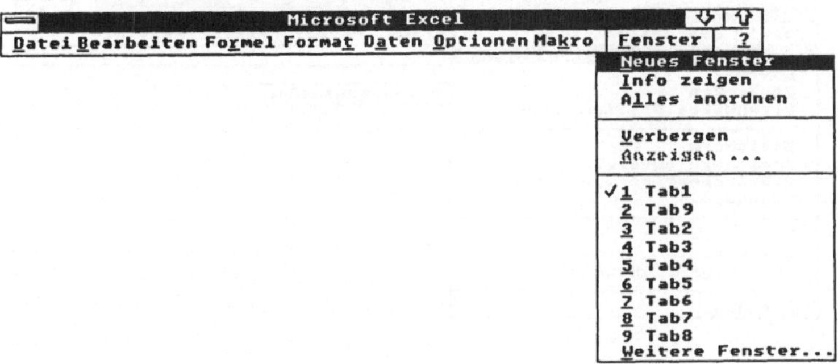


## Fenster Neues Fenster

**NEUES.FENSTER( )**
eröffnet ein zusätzliches Fenster zur Datei im aktiven Fenster.

## Fenster Info zeigen                                        STRG+F2

**INFO.ZEIGEN(Wahrheitswert)**
aktiviert das Info-Fenster zum aktiven Feld der aktiven Datei.

## Fenster Alles anordnen

**ANORDNEN( )**
ordnet alle nicht verborgenen Dokumente auf dem Bildschirm an.

## Fenster Verbergen

**VERBERGEN( )**
stellt ein aktives Fenster in den Bildschirmhintergrund.

<u>F</u>enster <u>A</u>nzeigen...

**ANZEIGEN(Fenster_Text)**
zeigt verborgene Dokumente an der Bildschirmoberfläche an.

<u>F</u>enster **Dateiname**

**AKTIVIEREN**(*Fenster_Text;Unterfenster_Nummer*)
zeigt ein Fenster auf der Bildschirmoberfläche an.

<u>F</u>enster <u>W</u>eitere Fenster...
zeigt eine Liste von allen weiteren Fensternamen an, falls mehr als
neun Fenster nicht verborgen geladen sind.

### 4.1.6  Befehle und Funktionen der Menüleiste für Diagramme

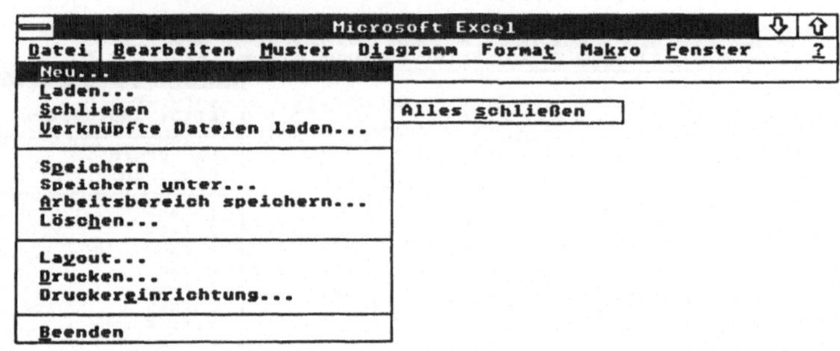


<u>D</u>atei <u>N</u>eu...   ALT+F1[DIA] ALT+UMSCHALT+F1[TAB]
ALT+STRG+F1[MAKRO]

**NEU?(Typ)**   oder F11[DIA] UMSCHALT+F11[TAB]
STRG+F11[MAKRO]

lädt eine neue Datei.

<u>D</u>atei <u>L</u>aden...   STRG+F12

**LADEN?(Datei_Text;***Aktualisieren_Verkn;Nur_Lesen***)**
lädt eine gespeicherte Datei von Festplatte oder Diskette.

<u>D</u>atei **Schließen**   STRG+F4

**DATEI.SCHLIESSEN(***Speichern_Wahrheitswert***)**
schließt die Datei im aktiven Fenster.

<u>D</u>atei **Alles Schließen**

**ALLES.SCHLIESSEN( )**
schließt alle ungeschützten Fenster.

Datei **Verknüpfte Dateien laden...**

**VERKNÜPFTE.DATEIEN.LADEN?(Datei_Text1;**
                              *Datei_Text2;...;Nur_Lesen)*
lädt alle durch absolute externe Bezüge verknüpften Dokumente.


Datei **Speichern**                        ALT+UMSCHALT+F2 oder
                                              UMSCHALT+F12

**SPEICHERN( )**
speichert die aktive Datei ab.


Datei **Speichern unter...**                        ALT+F2 oder F12

**SPEICHERN.UNTER?(Name;Typzahl;Paßwort;Sicherung)**
speichert die aktive Datei unter einem neuen Namen ab oder über-
schreibt die alte Datei.


Datei **Arbeitsbereich speichern...**

**ARBEITSBEREICH.SPEICHERN?(*Name*)**
speichert alle geladenen Dokumente unter einem gemeinsamen Namen ab.


Datei **Löschen...**

**DATEI.LÖSCHEN?(Name)**
löscht eine Datei von der Festplatte oder Diskette.


Datei **Layout...[TAB]**

**LAYOUT?(Kopf;Fuß;Links;Rechts;Unten;Oben;Kopfbereich;**
         **Gitter)**
bestimmt das Druckbild einer Tabelle oder Makrovorlage.


Datei **Drucken...**       ALT+STRG+UMSCHALT+F2 oder
                                     ALT+STRG+F12

**DRUCKEN?(Bereich;Von;Bis;Kopien;Entwurf;Prüfung;Teile)**
bereitet die aktuelle Datei auf den Ausdruck vor und druckt sie aus.


Datei **Druckereinrichtung...**

**DRUCKER.EINRICHTUNG?(Drucker_Text)**
aktiviert einen angeschlossenen Drucker.

Datei **Beenden**

**BEENDEN( )**
beendet MS-EXCEL und fragt ab, ob gespeichert werden soll.

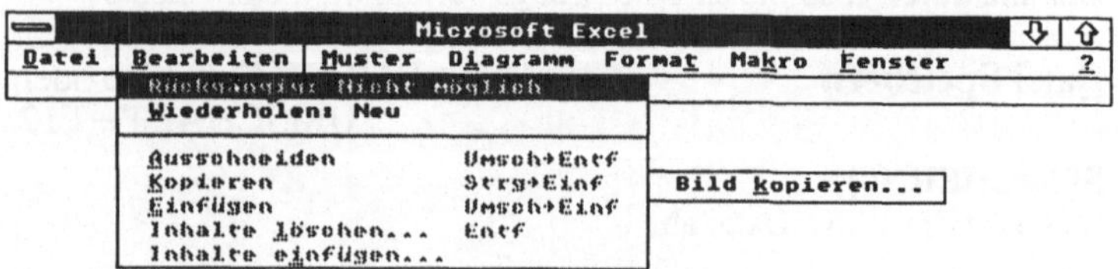


**Bearbeiten Rückgängig:Befehl/nicht möglich**   ALT+
RÜCKTASTE

**RÜCKGÄNGIG( )**
macht nur den zuletzt ausgeführten Befehl rückgängig.

**Bearbeiten Wiederholen:Befehl/nicht möglich**   ALT+EIN-
GABE

wiederholt den zuletzt eingegebenen Befehl noch einmal.

**Bearbeiten Ausschneiden**   UMSCHALT+ENTF
**AUSSCHNEIDEN( )**
schneidet den Inhalt der aktuellen Auswahl aus dem Dokument aus.

**Bearbeiten Kopieren**                          STRG+EINFG
**KOPIEREN( )**
kopiert die aktive Auswahl in die Zwischenablage.

**Bearbeiten Bild kopieren...**

**BILD.KOPIEREN(Erscheinungsbild;Größe)**
kopiert die aktuelle Auswahl als Abbildung in die Zwischenablage.

**Bearbeiten Einfügen**                          UMSCHALT+EINFG
**EINFÜGEN( )**
fügt den Inhalt der Zwischenablage an der aktuellen Cursorposition
ein.

**Bearbeiten Inhalte löschen...**                ENTF
**INHALTE.LÖSCHEN?(Zahl)**
löscht Inhalte aus den aktiven Feldern.

Bearbeiten **Inhalte einfügen...**

**INHALTE.EINFÜGEN?(Inhalt;Operation;Überspringen;**
**Transponieren)**
fügt kopierte oder ausgeschnittene Feldinhalte anderswo ein.

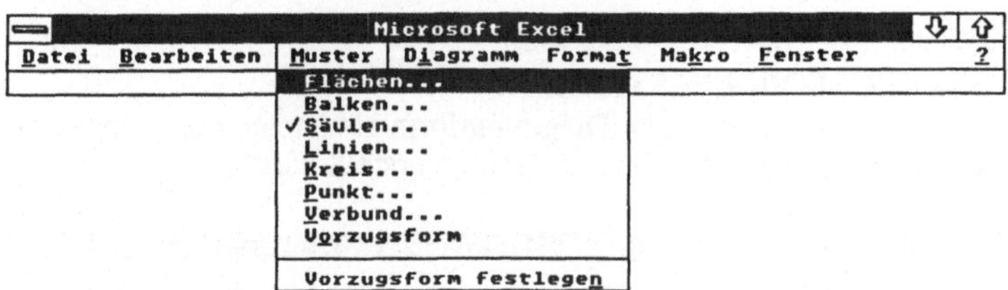


Muster **Flächen...**

**MUSTER.FLÄCHEN?(Zahl;*Überlagerung_Löschen*)**
wählt ein Flächendiagramm und dessen Form aus.

Muster **Balken...**

**MUSTER.BALKEN?(Zahl;*Überlagerung_Löschen*)**
wählt ein Balkendiagramm und dessen Form aus.

Muster **Säulen..**

**MUSTER.SÄULEN?(Zahl;*Überlagerung_Löschen*)**
wählt ein Säulendiagramm und dessen Form aus.

Muster **Linien...**

**MUSTER.LINIEN?(Zahl;*Überlagerung_Löschen*)**
wählt ein Liniendiagramm und dessen Form aus.

Muster **Kreis...**

**MUSTER.KREIS?(Zahl;*Überlagerung_Löschen*)**
wählt ein Kreisdiagramm und dessen Form aus.

Muster **Punkt...**

**MUSTER.PUNKT?(Zahl;*Überlagerung_Löschen*)**
wählt ein Punktdiagramm und dessen Form aus.

Muster **Verbund...**

**VERBUND?(Zahl)**
ändert das Format des aktiven Diagramms in einem Verbunddia-
gramm.

Muster **Vorzugsform**

**VORZUGSFORM( )**
wandelt das aktive Diagramm in die Form um, die mit Muster Vorzugsform festlegen gewählt wurde.

Muster **Vorzugsform festlegen**

**VORZUGSFORM.FESTLEGEN( )**
bestimmt eine ausgewählte Diagrammform als immer zuerst anzuzeigende Form, wenn ein neues Diagramm erstellt wird.



Diagramm **Text zuordnen...**

**TEXT.ZUORDNEN?(Zuordnen_zu_Zahl;Datenreihennummer;
                Datenpunktnummer)**
ordnet einen Text einem Diagrammelement zu.

Diagramm **Pfeil einfügen**

Diagramm **Pfeil löschen**

**PFEIL.EINFÜGEN( )**
fügt einen Pfeil in das aktuelle Diagramm ein.

**PFEIL.LÖSCHEN( )**
löscht einen ausgewählten Pfeil aus dem aktiven Diagramm heraus.

Diagramm **Legende einfügen**

Diagramm **Legende Löschen**

**LEGENDE(Wahrheitswert)**
fügt eine Legende in ein Diagramm ein oder löscht sie heraus.

Diagramm **Achsen...**

**ACHSEN?(*Haupt_Rubrik;Haupt_Größe;Überlagerung_Rubrik;
Überlagerung_Größe*)**
wählt genau bestimmte Diagrammachsen aus und zeigt sie an.

Diagramm **Gitternetzlinien**

**GITTERNETZLINIEN?(Rubrik_Haupt;Rubrik_Hilfs;**
                    **Größe_Haupt;Größe_Hilfs)**
zeigt verschiedene Gitternetzlinien im Diagramm an.

Diagramm **Überlagerung einfügen**

**ÜBERLAGERUNG.EINFÜGEN( )**
fügt in ein bestehendes Diagramm ein zweites überlagerndes Diagramm ein.

Diagramm **Überlagerung löschen**

**ÜBERLAGERUNG.LÖSCHEN( )**
löscht eine Überlagerung aus einem Diagramm heraus.

Diagramm **Diagramm auswählen**

**AUSWÄHLEN("Diagramm")**
wählt das gesamte Diagramm zur weiteren Verarbeitung aus.

Diagramm **Diagrammfläche auswählen**

**AUSWÄHLEN("Diagrammfl")**
wählt die Diagrammfläche zur weiteren Verarbeitung aus.

Diagramm **Datei schützen...**

Diagramm **Dateischutz aufheben...**

**DATEI.SCHÜTZEN?***(Inhalt;Fenster)*
schützt alle gesperrten Elemente der aktiven Datei oder hebt deren Schutz wieder auf.

Diagramm **Neu berechnen**                                    F9

**NEUBERECHNEN( )**
berechnet alle von Veränderungen betroffenen Werte in allen geladenen Dateien neu.

Diagramm **Ganze Menüs**

Diagramm **Kurzmenüs**

**KURZMENÜS(Wahrheitswert)**
zeigt alle Befehle von MS-EXCEL in den Menüs an oder verkürzt
sie und läßt Befehle für fortgeschrittene Anwender weg.

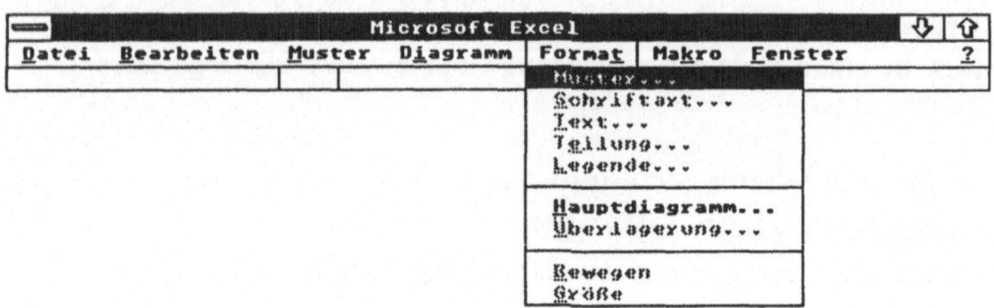


Format **Muster**
bestimmt die Ausgestaltung eines ausgewählten Diagrammelementes.

**MUSTER(RAut;RArt;RFarbe;RStark;Schatten;FAut;FMuster;
FVgrd;FHgrd;Umkehr;Gilt)**
wenn die Auswahl ein Diagramm, eine Diagrammfläche, eine Legende, ein Texthinweis, eine Fläche oder ein Balken ist.

**MUSTER(SAut;SArt;SFarbe;SStark;THaupt;THilfs;TBeschrift)**
wenn die Auswahl eine Achse ist.

**MUSTER(SAut;SArt;SFarbe;SStark)**
wenn die Auswahl eine Gitternetzlinie, eine Spannweitenlinie oder
eine Bezugslinie ist.

**MUSTER(SAut;SArt;SFarbe;SStark;PAut;PAuszeich;
PVgrd;PHgrd;Gilt)**
wenn die Auswahl eine Datenlinie ist.

**MUSTER(SAut;SArt;SFarbe;SStark;PfBreit;PfLang;PfAusf)**
wenn die Auswahl ein Pfeil ist.

Format **Schriftart...**

**FORMAT.SCHRIFTART?(Farbe;Hintergrund;Gilt_für;Name;
Größe;Fett;Kursiv;Unterstreichen;
Durchstreichen)**
formatiert Text nach vorgegebenen Mustern.

Format <u>T</u>ext...

**FORMAT.TEXT?(x_Ausrichtung;y_Ausrichtung;Senkrecht;**
      **Zugeordnet_Text;Zugeordnet_Größe;**
      **Schlüssel_zeigen;Wert_zeigen)**
formatiert den ausgewählten Text im Diagramm.

Format <u>T</u>eilung...

**TEILUNG(Min;Max;Haupt;Hilfs;Schnittpunkt;Logarithmisch;**
   **Umgekehrt;Max)**
legt die Achsenteilung für eine Größenachse fest.

**TEILUNG(Schnittpunkt;Rubriken_Beschriftung;**
   **Rubriken_Teilstrich;Zwischen;Max;Umgekehrt)**
legt die Achsenteilung für eine Rubrikenachse fest.

Format <u>L</u>egende...

**FORMAT.LEGENDE?(Position)**
legt die Anordnung einer Legende im Diagramm fest.

Format <u>H</u>auptdiagramm...

**HAUPTDIAGRAMM(Art;Stapel;100;Verschieden;Überlappung;**
      **Bezugsl;Spannweite;Überlappung%;**
      **Gruppe;Winkel)**
legt die Art und das Format des Hauptdiagrammes fest.

Format <u>Ü</u>berlagerung...

**ÜBERLAGERUNG(Art;Stapel;100;Verschieden;Überlappung;**
     **Bezugsl;Spannweite;Überlappung%;Gruppe;**
     **Winkel;Reihe;Automatisch)**
steuert die Überlagerung von zwei verschiedenen Diagrammen.

Format <u>B</u>ewegen

**FORMAT.BEWEGEN?(x_Position;y_Position)**
bewegt die Basis eines Elementes zu einer neuen Position.

Format **Größe**

**FORMAT.GRÖSSE?(Breite;Höhe)**
legt die neue Ausdehnung für ein Element im Diagramm fest.

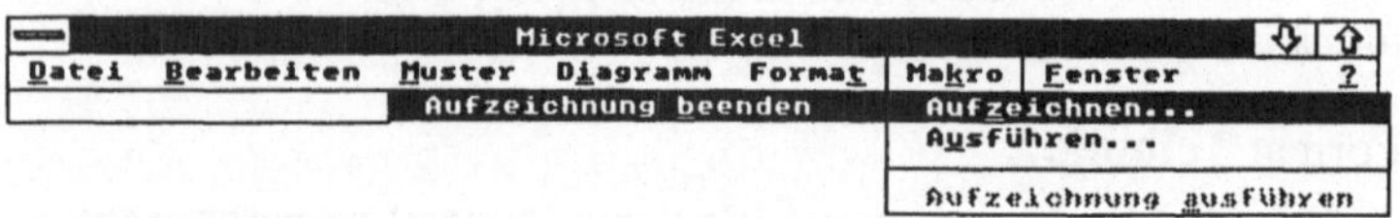



## Makro **Aufzeichnen...**
zeichnet alle weiteren Aktionen mit dem Makrorecorder auf.

## Makro **Aufzeichnung beenden**
beendet die Aufzeichnung eines Befehlsmakros.

## Makro **Ausführen...**
ruft ein Dialogfeld aller geladenen Makros auf, um auszuwählen und einen Makro zu starten.

## Makro **Aufzeichnung ausführen**
führt die Aufzeichnung eines Makros weiter fort.

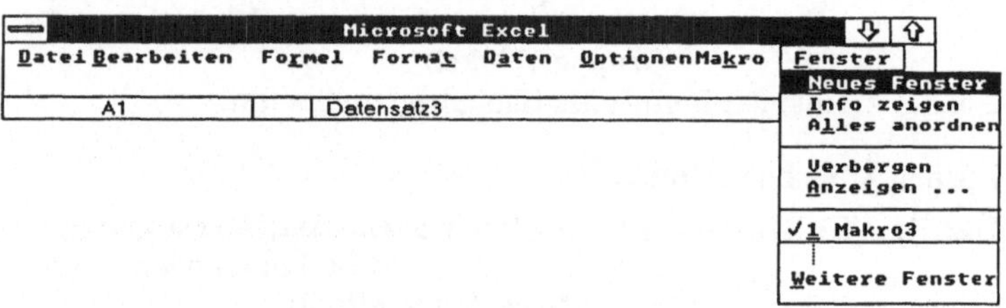



## Fenster **Alles anordnen**

**ANORDNEN( )**
ordnet alle nicht verborgenen Dokumente auf dem Bildschirm an.

## Fenster **Verbergen**

**VERBERGEN( )**
stellt ein aktives Fenster in den Bildschirmhintergrund.

## Fenster **Anzeigen...**

**ANZEIGEN(Fenster_Text)**
zeigt verborgene Dokumente an der Bildschirmoberfläche an.

Fenster Dateiname

**AKTIVIEREN**(*Fenster_Text;Unterfenster_Nummer*)
zeigt ein Fenster auf der Bildschirmoberfläche an.

Fenster **Weitere Fenster...**
zeigt eine Liste von weiteren Fensternamen an, falls mehr als neun
Fenster nicht verborgen geladen sind.

### 4.1.7  Befehle und Funktionen der Menüleiste Info

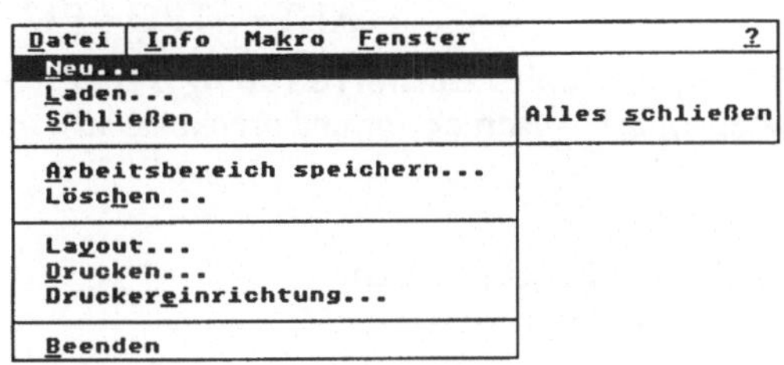


Datei **Neu...**    ALT+F1[DIA] ALT+UMSCHALT+F1[TAB]
ALT+STRG+F1[MAKRO]

**NEU?(Typ)**                oder F11[DIA] UMSCHALT+F11[TAB]
STRG+F11[MAKRO]

lädt eine neue Datei.

Datei **Laden...**                                    STRG+F12

**LADEN?(Datei_Text;***Aktualisieren_Verkn;Nur_Lesen***)**
lädt eine gespeicherte Datei von Festplatte oder Diskette.

Datei **Schließen**                                   STRG+F4

**DATEI.SCHLIESSEN(***Speichern_Wahrheitswert***)**
schließt die Datei im aktiven Fenster.

Datei **Alles Schließen**

**ALLES.SCHLIESSEN( )**
schließt alle ungeschützten Fenster.

Datei **Arbeitsbereich speichern...**

**ARBEITSBEREICH.SPEICHERN?(***Name***)**
speichert alle geladenen Dokumente unter einem gemeinsamen Namen ab.

D̲atei **Lös̲c̲hen...**

**DATEI.LÖSCHEN?(Name)**
löscht eine Datei von der Festplatte oder Diskette.


D̲atei **La̲yout...**                                      [TAB]

**LAYOUT?(Kopf;Fuß;Links;Rechts;Unten;Oben;
          Kopfbereich;Gitter)**
bestimmt das Druckbild einer Tabelle oder Makrovorlage.


D̲atei **D̲rucken...**        ALT + STRG + UMSCHALT + F2 oder
                                      ALT + STRG + F12

**DRUCKEN?(Bereich;Von;Bis;Kopien;Entwurf;Prüfung;Teile)**
bereitet die aktuelle Datei auf den Ausdruck vor und druckt sie aus.


D̲atei **Druck̲ereinrichtung...**

**DRUCKER.EINRICHTUNG?(Drucker_Text)**
aktiviert einen angeschlossenen Drucker.


D̲atei **B̲eenden**
**BEENDEN()**
beendet MS-EXCEL und fragt ab, ob gespeichert werden soll.

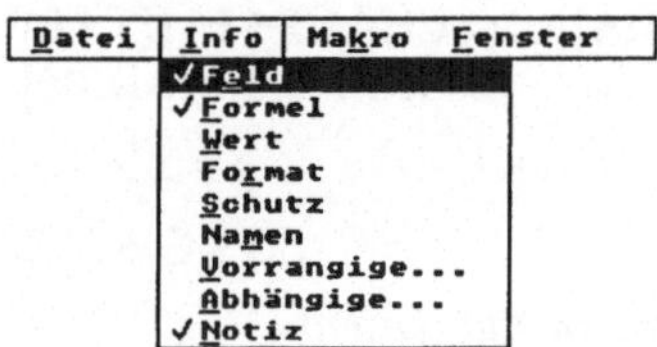



I̲nfo (Bilschirmanzeige)                              [INFO]

I̲nfo (Bildschirmanzeige)                             [INFO]

**BILDSCHIRMANZEIGE(***Feld;Formel;Format;Schützen;Namen;V
orrangige;Abhängige;Notiz***)**
bestimmt die Bildschirmanzeige im Menü INFO.


I̲nfo **F̲eld**
I̲nfo **F̲ormel**
I̲nfo **W̲ert**
I̲nfo **Fo̲rmat**
I̲nfo **S̲chutz**
I̲nfo **Na̲men**
I̲nfo **V̲orrangige...**

Info **Abhängige...**
Info **Notiz**

## Makro **Aufzeichnen...**
zeichnet alle weiteren Aktionen mit dem Makrorecorder auf.

## Makro **Aufzeichnung beenden**
beendet die Aufzeichnung eines Befehlsmakros.

## Makro **Ausführen...**
ruft ein Dialogfeld aller geladenen Makros auf, um auszuwählen und
einen Makro zu starten.

## Makro **Aufzeichnung ausführen**
führt die Aufzeichnung eines Makros weiter fort.

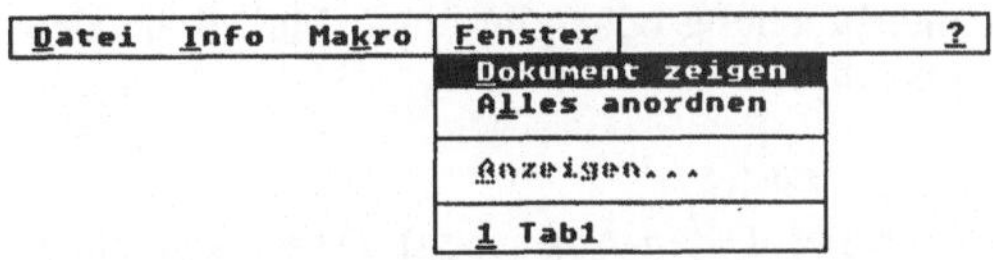

## Fenster **Dokument zeigen**                              STRG+F2

**INFO.ZEIGEN(Wahrheitswert)**
aktiviert oder schließt das Info-Fenster zum aktiven Feld der aktiven
Datei.

## Fenster **Alles anordnen**

**ANORDNEN( )**
ordnet alle nicht verborgenen Dokumente auf dem Bildschirm an.

## Fenster **Anzeigen...**

**ANZEIGEN(Fenster_Text)**
zeigt verborgene Dokumente an der Bildschirmoberfläche an.

## Fenster Dateiname

**AKTIVIEREN(*Fenster_Text;Unterfenster_Nummer*)**
zeigt ein Fenster auf der Bildschirmoberfläche an.

<u>F</u>enster <u>W</u>eitere Fenster

zeigt eine Liste von weiteren Fensternamen an, falls mehr als neun
Fenster nicht verborgen geladen sind.


## 4.2    Spezielle Makrofunktionen

Zahlreiche Makrofunktionen sind nicht über die MS-EXCEL Befehle
an der Benutzeroberfläche zu erreichen, können also auch nicht mit
dem Makrorecorder aufgezeichnet werden. Diese Funktionen
ermöglichen die Ausführung von Aktionen, die nur mit einem Makro
möglich sind. Dazu gehören Funktionen zur Erstellung von Menüs
und Dialogfeldern, Steuer- und Kontrollfunktionen sowie Funktionen, die den Dynamischen Datenaustausch unterstützen.


### 4.2.1  Anwenderspezifische Makrofunktionen

**ABBRECHEN.TASTE(Aktivieren;*Makrobezug*)**
deaktiviert eine Makrounterbrechung oder gibt einen Makro an, der
bei der Unterbrechung auszuführen ist.


**ABFRAGEN(Kanalnummer;Objekt)**
fragt über DDA (Dynamischer Daten-Austausch) Daten aus einer
anderen MS-WINDOWS Applikation ab.


**ANW.AKTIVIEREN(Titel;Warten_Wahrheitswert)**
aktiviert eine andere MS-WINDOWS Applikation.


**AUFRUFEN(Aufruftext;Argument1;...)**
ruft eine Prozedur der MS-WINDOWS Bibliothek auf.


**AUSF(Programm_Text;*Fenster_Zahl*)**
startet ein anderes MS-WINDOWS Programm.


**AUSFÜHREN(Kanalnummer;Ausführen_Text)**
führt die Befehle in Ausführen_Text über den geöffneten Kanal in
einem anderen MS-WINDOWS Programm aus.


**BEFEHL.AKTIVIEREN(Kennummer;Menüposition;**
**Befehlsposition;Aktivieren)**
gibt einen Befehl in einem Menü frei oder deaktiviert ihn.


**BEFEHL.EINFÜGEN(Kennummer;Menüposition;Menübezug)**
fügt einen neuen Befehl, in ein Menü ein.

**BEFEHL.LÖSCHEN(Kennummer;Menüposition;
Befehlsposition)**
löscht einen Befehl aus einem Menü heraus.

**BEFEHL.UMBENENNEN(Kennummer;Menüposition;
Befehlsposition;Name)**
gibt dem bezeichneten Befehl einen neuen Namen.

**BEFEHL.WÄHLEN(Kennummer;Menüposition;Befehlsposition;
Wählen)**
fügt neben dem entsprechenden Befehl eine Wählmarkierung (ein Häkchen) ein.

**BEI.DATEN(Datei_Text;Makro_Text)**
ruft den als zweites Argument angegebenen Makro immer dann auf, wenn eine andere Anwendung an die angegebene Datei sendet.

**BEI.FENSTER(*Fenster_Text;Makro_Text*)**
der angegebene Makro wird immer dann aufgerufen, wenn das Fenster im ersten Argument aktiviert wird.

**BEI.TASTE(Taste_Text;Makro_Text)**
bei Betätigung der angegebenen Taste wird ein Makro ausgelöst.

**BEI.ZEIT(Zeit;Makro_Text;*Toleranz;Eingabe_Wahrheitswert*)**
führt einen Makro zu einem gegebenen Zeitpunkt aus.

**DGRÖSSE(Dateinummer)**
liefert die Anzahl der Zeichen in einer Datei.

**DIALOGFELD(Dialogfeldbezug)**
zeigt ein definiertes Dialogfeld am Bildschirm an.

**DLADEN(Datei_Text;Zufriff_Zahl)**
lädt eine Datei als Text-Datei, die satzweise gelesen werden kann.

**DLESEN(Dateinummer;Anzahl_Zeichen)**
liest die angegebene Anzahl von Zeichen aus einer Textdatei.

**DLESEN.ZEILE(Dateinummer)**
liest ab der aktuellen Dateiposition aus einer Textdatei jeweils bis ans Zeilenende.

**DPOS(Dateinummer;*Position*)**
bringt die Datei im ersten Argument an die angegebene Position einer Textdatei.

**DSCHLIESSEN(Dateinummer)**
schließt eine Text-Datei.

**DSCHREIBEN(Dateinummer;Text)**
schreibt in eine Textdatei ab der aktuellen Position.

**DSCHREIBEN.ZEILE(Dateinummer;Text)**
schreibt in eine Textdatei und fügt zusätzlich noch das Steuerzeichen
für Wagenrücklauf und Zeilenvorschub ein.

**ECHO(*Wahrheitswert*)**
steuert die Bildschirmaktualisierung während der Ausführung eines
Makros.

**EINGABE(Aufforderungstext;Typ;*Überschrift;Vorgabe;
x_Position;y_Position*)**
zeigt ein Eingabe-Dialogfeld an und meldet die eingegebenen Daten
an die Funktion zurück.

**EINGABE.SPERREN(Wahrheitswert)**
sperrt alle Eingaben mit Tastatur und Maus in MS-EXCEL.

**EINZELSCHRITT( )**
hält einen Makro vor der Berechnung eines jeden Feldes an.

**FEHLER(Aktivieren;*Makrobezug*)**
gibt an, welche Aktion ausgelöst wird, falls während der Ausführung
eines Makros ein Fehler auftritt.

**HILFE(*Hilfe_Bezug)***
zeigt den im Bezug angegebenen Hilfepunkt oder die EXCEL-Hilfe
an.

**KANAL.ÖFFNEN(Anwendung_Text;Thema)**
öffnet einen Kanal zum Dynamischen Datenaustausch (DDA).

**KANAL.SCHLIESSEN(Kanalnummer)**
schließt die Verbindung zu einer DDA-Anwendung.

**MELDUNG(Wahrheitswert;*Text)***
zeigt bei Wahrheitswert = WAHR einen Text in der Meldungszeile
an.

**MENÜ.EINFÜGEN(Kennummer;Menübezug)**
fügt ein neues Menü in eine Menüleiste ein.

**MENÜ.LÖSCHEN(Kennummer;Menüposition)**
löscht ein Menü aus einer Menüleiste wieder heraus.

**MENÜLEISTE.EINFÜGEN( )**
fügt eine neue leere Menüleiste in das Menüsystem ein.

**MENÜLEISTE.LÖSCHEN(Kennummer)**
löscht eine Menüleiste aus dem Menüsystem wieder heraus.

**MENÜLEISTE.ZEIGEN(*Kennummer*)**
zeigt eine Menüleiste am Bildschirm an.

**NAMEN.ZUWEISEN(Name;*Wert*)**
legt einen Namen in einer Makrovorlage fest, um sich auf dessen aktuellen Wert zu beziehen.

**REGISTER(Modul;Prozedur;Argumenttext)**
liefert einen Textwert, der von AUFRUFEN() zum Aufruf von Routinen aus der MS-WINDOWS Bibliothek gebraucht wird.

**SENDEN(Kanalnummer;Objekt;Datenbezug)**
sendet Daten über eine DDA-Verbindung.

**SIGNAL(Zahl)**
erzeugt einen Ton oder Piepser.

**TASTENF.SENDEN(Tasten;*Warten_Wahrheitswert*)**
sendet eine Tastenfolge zur aktiven MS-WINDOWS Anwendung, als ob sie über Tastatur eingegeben wurde.

**WARNUNG(Meldungstext;Typzahl)**
zeigt ein Warnfeld auf dem Bildschirm an.

**WARTEN(Serielle_Zahl)**
hält die Ausführung eines Makros für eine bestimmte Zeitspanne an.

**WERT.FESTLEGEN(Bezug;Werte)**
legt einen Wert für Bezug neu fest oder ändert den Wert in Bezug.

## 4.2.1.1  Der Aufbau von anwenderspezifischen Menüs

**Die Funktionen:**

**BEFEHL.AKTIVIEREN(Kennummer;Menüposition;**
**Befehlsposition;Aktivieren)**
gibt einen Befehl in einem Menü frei oder deaktiviert ihn.

**BEFEHL.EINFÜGEN(Kennummer;Menüposition;Menübezug)**
fügt einen neuen Befehl, in ein Menü ein.

**BEFEHL.LÖSCHEN(Kennummer;Menüposition;Befehlsposi-**
**tion)**
löscht einen Befehl aus einem Menü heraus.

**BEFEHL.UMBENENNEN(Kennummer;Menüposition;**
**Befehlsposition;Name)**
gibt dem bezeichneten Befehl einen neuen Namen.

**BEFEHL.WÄHLEN(Kennummer;Menüposition;Befehlsposition;**
**Wählen)**
fügt neben dem entsprechenden Befehl eine Wählmarkierung (ein
Häkchen) ein.

**MENÜ.EINFÜGEN(Kennummer;Menübezug)**
fügt ein neues Menü in eine Menüleiste ein.

**MENÜ.LÖSCHEN(Kennummer;Menüposition)**
löscht ein Menü aus einer Menüleiste wieder heraus.

**MENÜLEISTE.EINFÜGEN( )**
fügt eine neue leere Menüleiste in das Menüsystem ein.

**MENÜLEISTE.LÖSCHEN(Kennummer)**
löscht eine Menüleiste aus dem Menüsystem wieder heraus.

**MENÜLEISTE.ZEIGEN(*Kennummer*)**
zeigt eine Menüleiste am Bildschirm an.

**MENÜLEISTE.ZUORDNEN( )**
liefert als Ergebnis die Kennummer der aktiven Menüleiste.

**Der Aufbau:**
In den Funktionen zur Erstellung und Veränderung von Menüs und
Menüleisten kommen häufig die Argumente Kennummer, Menü-
bezug, Menüposition und Befehlsposition vor.

*Kennummer* wird als Wert von der Funktion MENÜLEISTE.EINFÜGEN() zurückgemeldet. MS-EXCEL hat bereits die Nummern 1 bis 6 für die Standard-Menüleisten vergeben:

  1 = Tabellen und Makrovorlagen, Ganze Menüs;

  2 = Diagramm, Ganze Menüs;

  3 = Basis-Menüleiste, wenn kein Dateifenster aktiv ist;

  4 = Info-Menüleiste;

  5 = Tabellen und Makrovorlagen; Kurze Menüs;

  6 = Diagramm, Kurze Menüs;

Darüber hinaus werden die Kennnummern 7 bis 21 fortlaufend für jede weitere eingefügte Menüleiste vergeben. Auf diese Werte sollte immer nur Bezug genommen werden bzw. sie sollten mit einem Namen belegt werden.

*Menübezug* bezeichnet den Definitionsbereich für ein Menü. Dies kann ein einfacher Bezug im A1-Format sein oder besser ein Name, der sich mit dem Menütitel decken kann.

*Menüposition* ist die laufende Nummer eines Menüs in der neuen Leiste. Die Numerierung beginnt mit 1 von links. Es kann aber auch besser der Titel eines Menüs als Text angegeben werden.

*Befehlsposition* ist die Nummer für die Stellung eines Befehls im Menü. Die Numerierung beginnt mit 1 von oben. Wird 0 angegeben, wird das gesamte Menü ausgewählt. Auch hier wird meist die Befehlsbezeichnung als Text angegeben.

| | C | D | E | F | G |
|---|---|---|---|---|---|
| 1 | **&Anwendung** | | | | |
| 2 | &Speichern | main.xlm!speichern | | Die Datei wird auf d | |
| 3 | Speichern &ASCII-Textdatei | main.xlm!spascii | | Die Datei wird im AS | |
| 4 | - | | | | |
| 5 | &Beenden | main.xlm!beenden | | Beendet die Anwen | |
| 6 | | | | | |
| 7 | **&Stammdaten** | | | | |
| 8 | Daten &neu erfassen... | main.xlm!erfassen | | Neue Stammdatens | HILFE.TXT!101 |
| 9 | - | | | | |
| 10 | Daten &ändern... | main.xlm!ändern | | Stammdatensatze ε | HILFE.TXT!102 |
| 11 | Daten &löschen... | main.xlm!löschen | | Stammdatensätze ε | HILFE.TXT!103 |
| 12 | - | | | | |
| 13 | &Zugangsberechtigung | main.xlm!zugang | | Passwort für Änderu | HILFE.TXT!104 |
| 14 | **&Gehaltsabrechnung** | main xlm!gehalt | | Start der monatliche | HILFE TXT!122 |
| 15 | | | | | |
| 16 | | | | | |
| 17 | **&Drucken** | | | | |
| 18 | &Adressenliste drucken... | main.xlm!drucken | | Druckt eine Auswahl | HILFE.TXT!105 |
| 19 | Adressauf&kleber drucken... | main.xlm!aufdruck | | Druckt eine Auswahl | HILFE.TXT!106 |
| 20 | - | | | | |
| 21 | &Hochformat | main.xlm!hoch | | Stellt das Hochform | HILFE.TXT!110 |
| 22 | &Querformat | main xlm!quer | | Stellt das Querform | HILFE.TXT!111 |

Eine Menüdefinition besteht mindestens aus 2 Zeilen und grundsätzlich 5 Spalten, wovon die ersten beiden belegt sein müssen:

Die erste Zeile enthält nur im linken Feld den Menünamen, der auch für das Argument Menüposition als Text angegeben werden kann. Zur Auswahl eines Menüs über die Tastatur muß ein Zeichen unterstrichen dargestellt werden. Dies erreicht man dadurch, daß man dem betreffenden Zeichen ein & voranstellt. In Verbindung mit der ALT-Taste wird dann das Menü aufgeklappt. Will man ein &-Zeichen im Menünamen darstellen, muß es in der Definition verdoppelt werden.

Die folgenden Zeilen setzen sich einheitlich zusammen:

Die 1. Spalte enthält die Befehlsbezeichnung. Bei diesem Text kann ebenfalls ein Zeichen durch ein vorangestelltes & unterstrichen werden. Mit der Wahl dieser Taste wird der Befehl ausgeführt, wenn das Menü aufgeklappt ist. Steht ein Bindestrich (-) in dieser Spalte, wird im Drop-Down-Menü ein Trennungsstrich zur Gruppierung eingefügt.

Die 2. Spalte enthält einen externen Bezug auf einen Befehlsmakro, der ausgeführt werden soll, wenn der Befehl ausgewählt wird.

Die 3. Spalte kann für Kommentare genutzt werden oder bleibt leer.

Die 4. Spalte enthält einen erläuternden Kurztext von 50 bis 60 Zeichen, der mit Anwahl des Befehls in der Meldungszeile angezeigt wird.

Die 5. Spalte enthält einen Bezug auf einen Hilfetext. Die Syntax lautet dabei Dateiname!Punktnummer. Dateiname ist der Name einer Textdatei im ASCII-Format wie z.B. HILFE.TXT. Punktnummer ist eine Zahl, mit der der Hilfeeintrag in der Textdatei gefunden werden kann, wie z.B. 101. Durch die Hilfetaste UMSCHALT+F1 erscheint ein Pfeil mit einem Fragezeichen. Wird damit ein Befehl ausgewählt, erscheint der entsprechende Hilfstext in einem Fenster.

| Anwendung | Stammdaten | Drucken |
|---|---|---|
| | Daten neu erfassen... | |
| | Daten ändern... | |
| | Daten löschen... | |
| | Zugangsberechtigung | |

| Anwendung | Stammdaten | Drucken | |
|---|---|---|---|
| | | Adressenliste drucken... | |
| | | Adressaufkleber drucken... | |
| | | √Hochformat | |
| | | Querformat | |

| | A | A |
|---|---|---|
| 1 | menü (m) | menü (m) |
| 2 | =MENÜLEISTE.EINFÜGEN()                    Leiste | 7 |
| 3 | =MENÜ.EINFÜGEN(7;C1:G5) | 1 |
| 4 | =MENÜ.EINFÜGEN(A2;Stammdaten) | 2 |
| 5 | =MENÜ.EINFÜGEN(Leiste;Drucken) | 3 |
| 6 | =MENÜLEISTE.ZEIGEN(Leiste) | WAHR |
| 7 | =BEFEHL.AKTIVIEREN(A2;2;3;FALSCH) | WAHR |
| 8 | =BEFEHL.AKTIVIEREN(Leiste;"Stammdaten";"Daten löschen...";FALSCH) | WAHR |
| 9 | =BEFEHL.WÄHLEN(Leiste;"Drucken";"Hochformat";WAHR) | WAHR |
| 10 | =RÜCKSPRUNG() | WAHR |

Die Erstellung einer Menüleiste besteht immer aus dem Dreischritt

    MENÜLEISTE.EINFÜGEN( )

    MENÜ.EINFÜGEN( )

    MENÜLEISTE.ZEIGEN( )

Die nächste freie Kennummer wird von MENÜLEI-
STE.EINFÜGEN() zurückgemeldet. In Feld A2 steht der Wert 7.
Andere Funktionen verwenden die Kennummer als Argument. In
Feld A3 ist die Kennummer direkt angegeben und damit unflexibel.
In A4 wird auf die Kennummer Bezug genommen. Die beste Vari-
ante steht ab A5: hier wird der Bezug als Name angegeben und ist
damit sprechend.
Ebenso kann der Menübezug als Bezug, wie in A3, oder als Name,
wie ab A4 angegeben werden.

**Ein wichtiger Tip:**
Legen Sie sich zu Beginn der Entwicklung einer Anwendung stets
eine Notausgangs-Routine an. Dabei wird eine der sechs Standard-
Menüleisten eingefügt und angezeigt. Man sollte nicht vergessen, die
alte Menüleiste auch wieder zu löschen, sonst stößt man beim Testen
plötzlich an die Grenze von 21 Menüleisten.
Eine Enderoutine ist ebenso wichtig, wie der Aufbau neuer Menüleisten. Sie besteht ebenfalls aus drei Befehlen:

```
13  Notausgang (n)
14  =MENÜLEISTE.ZEIGEN(1)
15  =MENÜLEISTE.LÖSCHEN(Leiste)
16  =RÜCKSPRUNG()
```

Das Menü einer Menüleiste ist jederzeit weiter veränderbar und sehr
flexibel. Es kann sich den Anforderungen eines Anwenders anpassen, ihm Hilfestellung geben oder vor Fehleingaben bewahren. Wie
sich das oben gezeigte Menü an der Oberfläche verändern kann und
welche Befehle benutzt werden, zeigen die folgenden Abbildungen:

```
20  Zugangstest (z)
21  =BEFEHL.AKTIVIEREN(Leiste;"Stammdaten";"Daten ändern...";WAHR)
22  =BEFEHL.AKTIVIEREN(Leiste;"Stammdaten";"Daten löschen...";WAHR)
23  =BEFEHL.EINFÜGEN(Leiste;"Stammdaten";Gehaltsabrechnung)
24  =BEFEHL.UMBENENNEN(Leiste;"Stammdaten";6;"Zugang entziehen...")
25  =BEFEHL.AKTIVIEREN(Leiste;"Drucken";0;FALSCH)
26  =RÜCKSPRUNG()
```

## 4.2.1.2 Der Aufbau von anwenderspezifischen Dialogfeldern

Ein Dialogfeld ist das Ergebnis einer Reihe von Definitionen einzelner Elemente. Es wird durch die Makrofunktion DIALOG-FELD(Dialogfeldbezug) aufgerufen. Die Definition des Dialogfeldes ist im Dialogfeldbezug beschrieben, der als einfacher Bezug auf den entsprechenden Definitionsbereich der Makrovorlage angegeben wird. Besser ist es, diesen Bereich mit dem Namen des Dialogfeldes zu belegen und den Namen als Argument anzugeben. Die Funktion meldet den Wert FALSCH zurück, wenn keine Daten wegen des Abbruchs des Dialoges übertragen werden sollen. Sonst wird eine Zahl für die Stellung der angewählten OK-Schaltfläche zurückgemeldet. Steht die Schaltflächendefinition in der 21. Zeile des Dialogfeldbezuges, meldet sie die Zahl 20 zurück, da die erste Zeile nicht berücksichtigt wird. Diese Zahl ist besonders wichtig, wenn mit mehreren Schaltflächen gearbeitet wird.

**Achtung!** Ein Doppelklick auf ein Listenfeld zur Bestätigung des Dialoges löst zwar das OK aus, meldet aber den Wert 1 zurück.

Die Größe eines Dialogfeldes ist auf maximal

   64   Definitionszeilen

   32   Ein-/Ausgabefelder

    4   Listenfelder und

 1024   Textzeichen begrenzt.

Um ein Dialogfeld zu erstellen, muß es zunächst in einem Bereich der Makrovorlage definiert werden. Dazu kann man sich des Dialogeditors EXCELDE bedienen. Dies ist ein sehr wertvolles Werkzeug, um die Oberfläche seiner Anwendungen so übersichtlich und anwenderfreundlich wie möglich zu gestalten. Änderungen und Anpassungen können schnell gemacht werden, ganze Anwendungskonzepte können im Rapid Prototyping erzeugt werden.

**Beispiel:**

Die 1. Zeile muß keine Angaben enthalten. Sie enthält aber meist mindestens die Angaben über die Breite und Höhe des Dialogfeldes gemessen in Bildpunkten in der 4. und 5. Spalte. Fehlen Angaben für die Ausrichtung auf dem Bildschirm in Spalte 2 und 3, erledigt MS-EXCEL dies automatisch. In der 1. Spalte kann ein Hilfeverweis für dieses Dialogfeld stehen. Die Syntax lautet dabei Dateiname!Punktnummer. Dateiname ist der Name einer Textdatei im ASCII-Format, Punktnummer ist eine ganze Zahl, die auf die entsprechende Passage in der Textdatei verweist.

Die nachfolgenden Zeilen werden folgendermaßen eingeteilt:

Die 1. Spalte enthält eine Kennzahl von 1 bis 20 für das entsprechende Element, das an der bezeichneten Stelle am Bildschirm erscheinen soll. Die Elemente sind weiter unten aufgeführt.

Die 2. Spalte enthält eine Zahl für den Abstand des linken Randes des Elementes vom linken Randes des Dialogfeldes gemessen in Bildpunkten.

Die 3. Spalte enthält eine Zahl für den Abstand des oberen Randes des Elemtes vom oberen Rand des Dialogfeldes gemessen in Bildpunkten.

Die 4. Spalte enthält eine Zahl für die Breite des Elementes gemessen in Bildpunkten.

Die 5. Spalte enthält eine Zahl für die Höhe des Elementes gemessen in Bildpunkten.

Die 6. Spalte kann Textwerte oder Bezüge auf Textwerte enthalten, die in Elementen angezeigt werden sollen. Steht ein &-Zeichen vor einem Zeichen, so wird dieses unterstrichen dargestellt und ermöglicht dadurch die Anwahl durch Drücken der ALT-Taste mit diesem Zeichen. Soll ein & dargestellt werden, wird es verdoppelt. Textwerte werden hauptsächlich für das Element 5 Text angegeben. Für die Listenfelder in Element 15 und 16 stehen meist einfache Bezüge auf Listen in der Makrovorlage. Es können aber auch externe Bezüge auf Tabellen eingetragen werden.

Die 7. Spalte ist die Ein- und Ausgabespalte. Hier können Vorgabewerte für ein Element angegeben werden. Die Felder dieser Spalte können mit Namen belegt werden. Dies erleichtert den Datentransfer in und aus dieser Spalte, da die Felder leichter und eindeutiger angesprochen werden können.

| | B | C | D | E | F | G | H |
|---|---|---|---|---|---|---|---|
| 1 | Element | x-Pos | y-Pos | Breite | Höhe | Text | Ein-/Ausgabe |
| 2 | HILFE.TXT! | | | | | | |
| 3 | 5 | 80 | 15 | 440 | 15 | Mitarbeiter-Verwalt | |
| 4 | 14 | 10 | 30 | 580 | 4 | | |
| 5 | 14 | 10 | 40 | 200 | 35 | | |
| 6 | 5 | 20 | 55 | 80 | 15 | &Pers-Nr | |
| 7 | 6 | 100 | 50 | 60 | 20 | | 13705 |
| 8 | 14 | 10 | 80 | 580 | 200 | | |
| 9 | 5 | 20 | 95 | 80 | 15 | &Name | |
| 10 | 6 | 100 | 90 | 180 | 20 | | Schroeder |
| 11 | 5 | 20 | 125 | 80 | 15 | &Vorname | |
| 12 | 6 | 100 | 120 | 180 | 20 | | Anne |
| 13 | 5 | 20 | 155 | 80 | 12 | &Straße Nr | |
| 14 | 6 | 100 | 150 | 180 | 20 | | Luxemburger Str.77 |
| 15 | 5 | 20 | 185 | 40 | 15 | PL&Z/ | |
| 16 | 6 | 100 | 180 | 50 | 20 | | 5000 |
| 17 | 5 | 60 | 185 | 40 | 15 | &Ort | |
| 18 | 6 | 152 | 180 | 220 | 20 | | Köln |
| 19 | 5 | 330 | 95 | 130 | 12 | &Geburtsdatum | |
| 20 | 6 | 460 | 90 | 120 | 20 | | 5.5.1955 |
| 21 | 5 | 330 | 125 | 60 | 15 | &Telefon | |
| 22 | 6 | 460 | 120 | 120 | 20 | | 0221/1234567 |
| 23 | 5 | 330 | 155 | 80 | 15 | A&bteilung | |
| 24 | 6 | 410 | 150 | 170 | 20 | | EDV-Abteilung |
| 25 | 16 | 410 | 175 | 170 | 96 | urdat.xlslabtliste | 5 |
| 26 | 5 | 20 | 225 | 80 | 15 | &Eintritt | |
| 27 | 6 | 100 | 220 | 90 | 20 | | 1.1.1989 |
| 28 | 5 | 20 | 250 | 80 | 14 | &Austritt | |
| 29 | 6 | 100 | 250 | 90 | 20 | | |
| 30 | 14 | 210 | 215 | 160 | 55 | Geschlecht | |
| 31 | 11 | 0 | 0 | | | | 1 |
| 32 | 12 | 240 | 230 | | 18 | weiblich | |
| 33 | 12 | 240 | 250 | | 18 | männlich | |
| 34 | 1 | 480 | 45 | 100 | 20 | &OK | |
| 35 | 2 | 480 | 65 | 100 | 20 | &Abbrechen | |
| 36 | 3 | 370 | 45 | 100 | 20 | neue&r Satz | |

Die folgende Liste faßt die Elemente zusammen, die in Dialogfeldern verwendet werden können. Die Kennzahlen haben folgende Bedeutung:

1 = Schaltfläche OK als STANDARD. Sie wird durch Drücken der Eingabtaste oder mit der Maus angewählt und gibt die Steuerung an den Makro zurück. Die eingegebenen Daten werden in die Spalte 7 der Dialogfelddefinition übertragen. In Spalte 6 steht der Text, der in der Schaltfläche erscheinen soll. Die Schaltfläche meldet die relative Zeilennummer in der Dialogfelddefinition minus 1 an die Funktion DIALOG-FELD( ) zurück. Dies entspricht auch dem Wahrheitswert WAHR.

2 = Schaltfläche Abbrechen. Sie schließt das Dialogfeld, ohne Daten zu übernehmen und gibt die Steuerung an den Makro zurück. An DIALOGFELD( ) wird FALSCH zurückgemeldet. In Spalte 6 steht der Vorgabewert, der in der Schaltfläche angezeigt werden soll.

3 = Schaltfläche OK. Sie schließt das Dialogfeld, übergibt die eingegebenen Daten in die Spalte 7 der Dialogfelddefinition und gibt die Steuerung an den Makro zurück. In Spalte 6 steht der Text, der in der Schaltfläche erscheinen soll. Die Schaltfläche meldet die relative Zeilennummer in der Dialogfelddefinition minus 1 an die Funktion DIALOGFELD( ) zurück. Dies entspricht auch dem Wahrheitswert WAHR.

4 = Schaltfläche Abbrechen als STANDARD. Sie wird durch Drücken der Eingabtaste oder mit der Maus angewählt, schließt das Dialogfeld ohne Daten zu übernehmen und gibt die Steuerung an den Makro zurück. Vorgabewerte zur Anzeige in der Schaltfläche stehen in Spalte 6. An DIALOG-FELD( ) wird FALSCH zurückgemeldet.

5 = konstanter Text als Hinweis oder Beschriftung von Eingabefeldern.

6 = ein Eingbefeld für Text. Alle Eingaben werden als Text behandelt und weitergegeben. Dies entspricht den Feldern der Standard Datenbank MASKE. Werte werden nicht geprüft.

7 = ein Eingabefeld für Ganze Zahlen (Integer). Bei Falscheingaben erscheint eine Fehlermeldung. Werden falsche Werte als Vorgabewerte in Spalte 7 übertragen, kommt der Dialog nicht zustande!

8 = ein Eingabefeld für reelle Zahlen (Real). Bei Falscheingaben erscheint eine Fehlermeldung. Werden falsche Werte als Vorgabewerte in Spalte 7 übertragen, kommt der Dialog nicht zustande!

9 =     ein Eingabefeld für Formeln. Bei Falscheingaben erscheint eine Fehlermeldung.

10 =     ein Eingabefeld für Bezüge. Bei Falscheingaben erscheint eine Fehlermeldung.

11 =     eine runde Optionsfeldgruppe. Dieses Feld muß in der Definition einer Gruppe von runden Optionsfeldern, aus der nur eines ausgewählt werden kann, vorausgehen. An Spalte 7 wird die laufende Nummer des folgenden Optionsfeldes gemeldet, das ausgewählt wurde.

12 =     ein rundes Optionsfeld. Es kann nur ein Feld aus einer Gruppe von runden Optionsfeldern ausgewählt werden. Dies meldet an Spalte 7 von Element 11 seine Nummer zurück. Die Felder der Gruppe werden von 1 an durchnumeriert.

13 =     ein viereckiges Optionsfeld, das dem Ankreuzen eines Merkmals dient. An Spalte 7 wird WAHR für die Auswahl zurückgemeldet, sonst FALSCH.

14 =     ein Gruppierungsoptionsfeld, um gleichartige Element mit einem Rahmen zusammenzufassen. Ein Text in der Spalte 6 erscheint links oben im Rahmen.

15 =     ein Listenfeld mit senkrechtem Rollbalken. In Spalte 6 steht der Bezug zu der anzuzeigenden Liste. Dieser kann auch ein externer Bezug auf eine Tabelle sein. An Spalte 7 wird der Zeilenindex des ausgewählten Listenelementes zurückgemeldet

16 =     ein verknüpftes Listenfeld, das direkt nach einem Textfeld stehen muß. Die Auswahl aus der Liste wird gleichzeitig in das verknüpfte Textfeld übertragen.

17 =     ein Sinnbild entsprechend der in Spalte 6 eingegebenen Zahl:

    1 = Fragezeichen;

    2 = Stern;

    3 = Ausrufungszeichen

18 =     ein verknüpftes Datei-Listenfeld listet die Dateien in einem Verzeichnis auf und muß vor Element 19 und nach einem Textfeld stehen. Das Textfeld kann einen Voragbewert wie *.XL* in Spalte 7 enthalten.

19 =     ein verknüpftes Laufwerks- und Verzeichnisfeld. Dieses Feld folgt dem Element 18 und enthält weitere Unterverzeichnisse und Laufwerke. Vorgabewerte für ein anderes Verzeichnis als das eingestellte können in dem Texteingabefeld vor Element 18 angegeben werden.

20 =     ein Verzeichnistext, der den Namen des aktuellen Verzeichnisses angibt.

Falls während der Anzeige eines Dialogfeldes eine kleine erläuternde Meldung in der Meldungszeile erscheinen soll, sollte man folgende Routine verwenden:

| | A |
|---|---|
| 1 | Dialog (d) |
| 2 | =MELDUNG(WAHR;"Geben Sie bitte neue Stammdaten ein!") |
| 3 | =DIALOGFELD(stammdia) |
| 4 | =MELDUNG(FALSCH) |
| 5 | =RÜCKSPRUNG() |

### 4.2.1.3  Der Dialogeditor EXCELDE.EXE

Der Dialogfeld-Editor EXCELDE wird mit der Version MS-EXCEL 2.10 ausgeliefert und ist ein hilfreiches und unverzichtbares Werkzeug für alle MS-EXCEL Programmierer. Das Erstellen von Dialogfeldern war durch die Fülle der Definitionen und Positionsangaben recht langwierig. Dies erledigt nun der Editor in einem Bruchteil der Zeit.

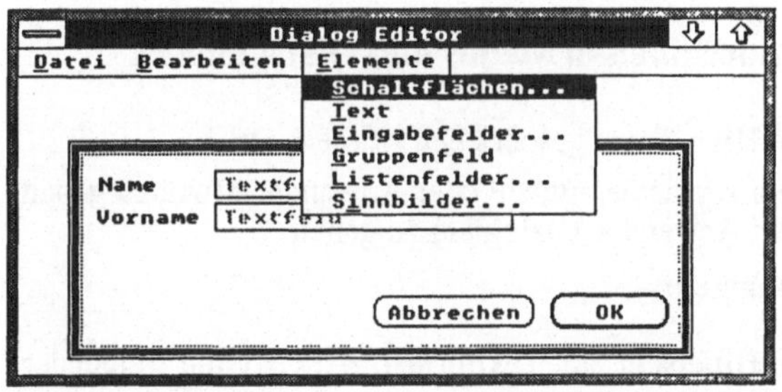


Nach dem Aufruf von EXCELDE.EXE erscheint eine Menüleiste mit den Menüs Datei, Bearbeiten und Element und eine leere Dialogmaske.Die Dialogfeldmaske kann mit Hilfe der Maus oder über das Menü *Bearbeiten Dialogfeld auswählen* und *Größe* ändern in seiner Größe variiert werden.
Mit Hilfe des Menüs Elemente können verschieden Felder ausgewählt und mit Hilfe der Maus im Dialogfeld positioniert werden. Ein markiertes Element kann über *Bearbeiten Info* in seiner Größe verändert werden, und es kann ein Text, der später in Spalte 6 bzw. im Dialog erscheint, eingegeben werden.
Es ist zu beachten, daß die Elemente in einer sinnvollen Reihenfolge positioniert werden. Dies sollte sich erstens stark am Eingabezyklus des Anwenders orientieren. Das erste Eingabefeld sollte mit dem blinkenden Cursor bereit sein und nicht irgendeine versteckte Schaltfläche. Textfelder sollten immer vor den dazugehörigen Eingabefeld stehen, was die Zuordnung wesentlich erleichtert. Die Schaltflächen stehen meist ganz am Ende einer Definition.

Nachdem die Dialogmaske aufgebaut ist, wird die Dialogmaskendefinition mit Hilfe des Befehls *Bearbeiten Kopieren* in die Zwischenablage kopiert.
Nun wird MS-EXCEL aktiviert und in einer Makrovorlage wird das Feld, das die linke obere Ecke der Dialogfelddefinition bilden soll, markiert. Mit Hilfe des Befehls *Bearbeiten einfügen* wird die Maskendefinition aus der Zwischenablage in die Makrovorlage kopiert. Diese Prozedur kann auch jederzeit in umgekehrter Reihenfolge durchgeführt und über die Zwischenablage die Definition wieder in den Dialogeditor geladen werden.

Zum Testen von Dialogen bietet es sich an, eine kleine Routine zu benutzen. Für das Feld mit der Funktion DIALOGFELD( ) kann ein Name festgelegt werden wie z.B. DIA mit dem Makro-Kurzschlüssel d. Für das nächste Feld wird ein RÜCKSPRUNG( ) eingefügt. Mit STRG+d wird das Dialogfeld sowie der Rückgabewerte an DIALOGFELD( ) getestet. Werte lassen sich durch STRG+# am schnellsten anzeigen.

### 4.2.1.4  Anwenderhilfen in Menüs und Dialogfeldern

Es können eigene Hilfe-Texte geschrieben werden, um
   - Hilfe zu einem Anwender-Befehl oder Anwender-Menü zu geben
   - Hilfe zu einem Anwender-Dialogfeld zu geben

   - HILFE auszuführen.

Dazu wird eine Hilfedatei im Textformat (ASCII) mit folgender Struktur angelegt:

***Punktnummer Bemerkung**
Eine oder mehrere Zeilen Text
Punktnummer kann jede ganze Zahl sein. Sie entspricht derjenigen Zahl im externen Bezug in der Menü- oder Dialogfelddefinition.
Bemerkung ist ein freigewählter Text, um Punkte innerhalb einer Datei zu erkennen.

Der Bezug zur Hilfedatei erfolgt durch einen externen Bezug. Die Syntax dieses Bezuges lautet:

**Dateiname!Punktnummer**
Dateiname ist der Name der Hilfedatei wie z.B. MKA_HILF.TXT.
Punktnummer ist die in der Hilfedatei vergebene Nummer.

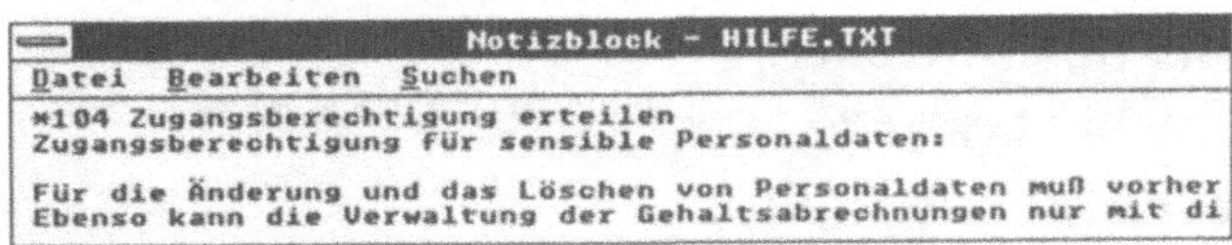


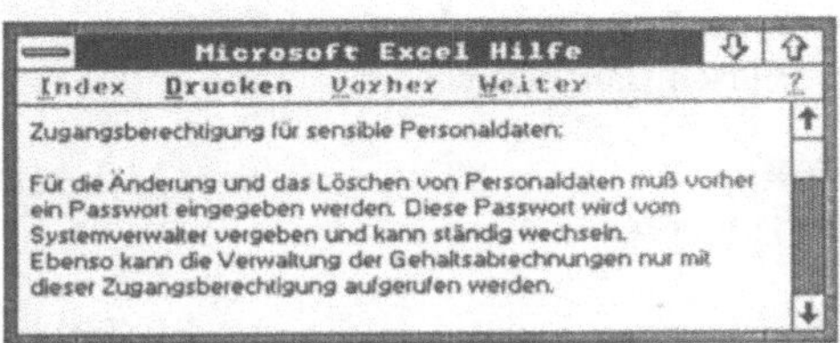


Bei einem Befehl im Anwender-Menü steht der Hilfe-Bezug in der 5.
Spalte des Menübezugs in der Zeile, die den Befehl oder das Menü
angibt.
Bei einem Anwender-Dialogfeld steht der Hilfe-Bezug im linken
oberen Feld der Dialogfelddefinition.
Bei der Makrofunktion HILFE( ) steht der Hilfe-Bezug im Argument
der Funktion.

Das Ausführen der Hilfefunktion und die Anzeige der Hilfetexte er-
folgt durch die Tastenkombination **UMSCHALTTASTE + F1**.
Es erscheint ein Pfeil mit einem Fragezeichen am Bildschirm für den
Mauszeiger. Damit kann man den gewünschten Befehl, zu dem man
Hilfe benötigt, anwählen, und es erscheint in einem Fenster der Hil-
fetext.

## 4.2.2  Aktionsäquivalente Makrofunktionen

**A1.Z1S1(Z1S1)**
steuert die Anzeige des Formates der Spaltenköpfe.

**ABBRECHEN.KOPIEREN( )**                                         ESC
entspricht dem Löschen des Laufrahmens mit der ESC-Taste.

**AKTIVES.FELD.ZEIGEN( )**                              STRG+Rücktaste
führt einen Bildlauf im aktiven Fenster zum aktiven Feld durch.

**AKTIVIEREN**(*Fenster_Text;Unterfenster_Nummer*)
zeigt ein Fenster auf der Bildschirmoberfläche an.

**AKTIVIEREN.VORHER( )**                        STRG+UMSCHALT+F6
aktiviert das vorhergehende Fenster.

**AKTIVIEREN.WEITER( )**                                   STRG+F6
aktiviert das nächste Fenster.

**AUSWÄHLEN(Auswahl;Aktives_Feld)**              [TAB MAKRO]
wählt einen Bereich aus und aktiviert darin ein Feld.

**AUSWÄHLEN(Element)**                                         [DIA]
wählt ein *Element* in einem Diagramm aus und aktiviert es.

**AUSZEICHNUNG?(Fett;Kursiv)**                        [MacIntosh]
ändert eine Schriftart in fette und/oder kursive Anzeige.

**DATEN.SUCHEN.VORHER( )**
zeigt den letzten übereinstimmenden Satz an.

**DATEN.SUCHEN.WEITER( )**
zeigt den nächsten übereinstimmenden Satz an.

**DIAGRAMM.AUSWÄHLEN( )**                             [MacIntosh]
entspricht der MS-EXCEL Funktion AUSWÄHLEN("Diagramm").

**DIAGRAMM.KOPIEREN?(Zahl)**                          [MacIntosh]
entspricht der MS-EXCEL Makrofunktion BILD.KOPIEREN() ohne
das Argument *Erscheinungsbild*.

**EINGABEFELD.VORHER( )**                              SHIFT+TAB
wechselt das aktive Feld in einer geschützten Tabelle zum vorherigen
nicht gesperrten Feld.

**EINGABEFELD.WEITER( )**                                    TAB
wechselt das aktive Feld in einer geschützten Tabelle zum nächsten
nicht gesperrten Feld.

**ENDE.AUSWÄHLEN(Richtungszahl)**
bewegt das aktive Feld in die angegebene Richtung auf das letzte
Feld in der geschlossenen Feldfolge.

**FORMAT.LÖSCHEN(Formattext)**
löscht ein gültiges angewendetes Zahlenformat aus dem Dokument.

**FORMEL(Formel;*Bezug*)**                                    [TAB][DIA]
entspricht der Eingabe einer Formel in ein Feld.

**FORMEL.AUSFÜLLEN(Formel;*Bezug*)**
gibt die angegebene Formel in den durch Bezug angegebenen Bereich ein.

**FORMEL.MFORMEL(Formel;*Bezug*)**
gibt die angegebene Formel als Matrixformel ein.

**FORMEL.SUCHEN.VORHER( )**                         UMSCHALT+F7
sucht das vorhergehende Feld, das den unter Formel Suchen angegebenen Suchkriterien entspricht.

**FORMEL.SUCHEN.WEITER( )**                                    F7
sucht das nächste Feld, das den unter *Formel Suchen* angegebenen
Suchkriterien entspricht.

**LETZTES.FELD.MARKIEREN( )**
wählt das Feld am Schnittpunkt der letzten Zeile und Spalte, die
einen Inhalt hat oder auf das eine Formel Bezug nimmt.

**SBILDLAUF(Bildlauf;Zeile_Wahrheitswert)**
führt einen senkrechten Bildlauf im aktiven Fenster zu einer bestimmten Stelle durch.

**SBILDLAUF.SEITEN(Anzahl_Fenster)**
blättert senkrecht durch das Dokument in der Höhe des Fensters.

**SBILDLAUF.ZEILEN(Anzahl_Zeilen)**
blättert senkrecht durch das Dokument in der Höhe von Zeilen.

**VERZEICHNIS(*Pfadtext*)**
setzt das aktuelle Laufwerk und Verzeichnis auf einen neuen Pfad.

**VOLLBILD(Wahrheitswert)**                STRG+F10 / STRG+F5
vergrößert das aktive Fenster zur maximalen Größe.

**WBILDLAUF(Bildlauf;Zeile_Wahrheitswert)**
führt einen waagerechten Bildlauf im aktiven Fenster zu einer bestimmten Stelle durch.

**WBILDLAUF.SEITEN(Anzahl_Fenster)**
blättert waagerecht durch das Dokument in der Breite des Fensters.

**WBILDLAUF.SPALTEN(Anzahl_Spalten)**
blättert waagerecht durch das Dokument in der Breite der Spalten.

**ZWISCHENABLAGE.EINBLENDEN()**                [MacIntosh]
entspricht dem Befehl System Ausführen mit Auswahl der Option "Zwischenablage".


### 4.2.3  Steuerungsfunktionen in Makros

**ABBRECHEN( )**                                ESC
beendet eine SOLANGE-WEITER oder eine FÜR-WEITER-Schleife.

**ARGUMENT(Name;*Datentypzahl*)**

**ARGUMENT(Name;*Datentypzahl;Bezug*)**
nennt eines der an einen Funktionsmakro zu übergebenden bis zu 13 Argumente.

**ERGEBNIS(Typzahl)**
gibt den Datentyp für die Ausgabe eines Funktionsmakros an.

**FÜR(Zählername;Anfang;Ende;*Schrittweite*)**
startet eine FÜR-WEITER-Schleife.

**GEHEZU(Bezug)**
verzweigt einen Makro und setzt an einer neuen Stelle auf.

**NEUSTART(*Ebene*)**
löscht Ebenen-Rücksprungadressen aus dem Arbeitsspeicher.

**RÜCKSPRUNG(Wert)**
beendet einen Makro und gibt die Steuerung an MS-EXCEL oder einen aufrufenden Makro zurück.

**SOLANGE(Wahrheitswert_Prüfung)**
startet eine SOLANGE-WEITER-Schleife.

**STOP( )**
hält die Ausführung eines Makros an.

**WEITER( )**
bildet den Fuß einer FÜR( ) oder SOLANGE( ) Schleife.

## 4.2.4  Wertausgabefunktionen in Makros

**ABSPOS(Bezug_Text;Bezug)**
liefert als Ergebnis den Bezug bestimmter Felder zur ganzen Tabelle.

**AKTIVES.FELD( )**
liefert als Ergebnis den externen Bezug des aktiven Feldes.

**ARBEITSBEREICH.ZUORNEN(Infotyp)**
liefert Informationen über den eingestellten Arbeitsbereich.

**AUSWAHL( )**
liefert den Bezug der aktuellen Auswahl als externen Bezug.

**BEREICH.VERSCHIEBEN(Bezug;Zeilen;Spalten;*Höhe;Breite)***
liefert einen neuen Bezug, der gegenüber dem Argument Bezug verschoben ist.

**DATEI.ZUORDNEN(Infotyp;*Name)***
liefert Informationen über die Datei Name oder über die aktive Datei.

**DATEIEN(Verzeichnis_Text)**
liefert eine horizontale Textmatrix der Dateien im angegebenen Verzeichnis mit bis zu 256 Einträgen.

**DEF.ZUORDNEN(Definitionstext;Datei)**
liefert den Namen einer Definition im Argument *Definitionstext*.

**DIAGRAMM.ELEMENT(x_y_Index;Punkt_Index; Element_Text)**
liefert die senkrechte oder waagerechte Position eines Punktes in einem Diagrammelement

**DOKUMENTE( )**
liefert die Namen aller geladenen Dateien in einer Matrix.

**FELD.ZUORDNEN(Infotyp;*Bezug*)**
liefert Feldinformationen über ein bestimmtes Feld.

**FENSTER( )**
liefert die Namen aller Fenster als horizontale Textmatrix.

**FENSTER.ZUORDNEN(Infotyp;*Name*)**
liefert Informationen über das Fenster Name oder über das aktive
Fenster.

**FORMEL.ZUORDNEN(Bezug)**
liefert den Inhalt eines Feldes wie er in der Bearbeitungszeile angezeigt wird.

**MENÜLEISTE.ZUORDNEN( )**
liefert als Ergebnis die Kennummer der aktiven Menüleiste.

**NAMEN(*Datei_Text*)**
liefert eine horizontale Textmatrix aller Namen.

**NAMEN.ZUORDNEN(Name)**
liefert die Definition von Name wie er bei "zugeordnet zu" unter
*Formel Namen festlegen* erscheinen würde.

**NOTIZ.ZUORDNEN(Feldbezug;Beginn;Anzahl_Zeichen)**
liefert einen Notiz-Text aus dem Bezugsfeld.

**POSTEXT(Bezug;*A1*)**
wandelt den Bezug in einen absoluten Bezug in Textform um.

**POSWERT(Bezug)**
liefert den Wert der Felder in *Bezug*.

**RELPOS(Bezug;Relativ_zu_Bezug)**
liefert einen relativen Bezug vom Argument *Bezug* zum Feld in der
linken oberen Ecke des Bereiches *Relativ_zu_Bezug* als Text.

**TASTE.ZUORDNEN( )**
liefert als Ergebnis das erste Zeichen im Tastaturpuffer.

**TEXTPOS(Text;*A1*)**
wandelt den Inhalt des Argumentes Text in einen Bezug um.

**URSPRUNG( )**
liefert den Bezug des Feldes mit der Funktion, die den aktiven
Funktionsmakro aufgerufen hat.

**VERKNÜPFTE.DATEIEN(*Datei_Text*)**
liefert eine horizontale Textmatrix der Namen aller Tabellen mit externen Bezügen und die aktive Datei.


## 4.3    Tabellen- und Makrofunktionen

## 4.3.1  Datenbankfunktionen

**DBFunktion(Datenbank;*Feld*;Suchkriterien)**
Jede Datenbankfunktion verwendet die gleichen drei Argumente:

*Datenbank* ist ein zusammenhängender Bereich von Feldern, der mindestens zwei Zeilen umfaßt. Die erste Zeile enthält die *Feld*-Bezeichnungen in Textform, darunter folgen die Daten.*Datenbank* ist ein Bezug oder ein Name. Wurde die Datenbank mit dem Befehl *Daten Datenbank festlegen* erstellt, wird der reservierte Name DATENBANK verwendet.

*Feld* kann ein Text aus der ersten Zeile der Datenbank sein oder eine Feldnummer. Zur Ermittlung der Feldnummer werden die Felder der ersten Zeile der Datenbank von links mit 1 beginnend durchnumeriert.

*Suchkriterien* ist ein Bezug oder ein Name auf einen Bereich, der einschränkender Kriterien für die Auswertung der Datenbank enthält. Dieser Bereich umfaßt mindestens zwei Zeilen und eine Spalte. Die erste Zeile enthält die Feldbezeichnungen und muß genau mit den Feldbezeichnungen in der ersten Datenbankzeile übereinstimmen, wird also zumeist ganz oder in Teilen kopiert.
Der reservierte Name SUCHKRITERIEN wird automatisch angelegt, wenn der Befehl *Daten Suchkriterien festlegen* verwendet wird und wird jedesmal neu überschrieben. Werden Bezüge verwendet, kann es mehrere Kriterienbereiche gleichzeitig geben. Enthält der Kriterienbereich mehr als zwei Zeilen, können auch vergleichende Suchkriterien eingegeben werden. Kriterien in der gleichen Spalte untereinander oder in der gleichen Zeile nebeneinander bilden eine UND-Verknüpfung, in verschiedenen Spalten untereinander eine ODER-Verknüpfung. Dabei können auch Feldbezeichnungen mehrfach vorkommen.
Wird das Argument *Feld* weggelassen, so bearbeitet eine DBFunktion alle Sätze der Datenbank, die den Suchkriterien entsprechen.
Wird ein Name als Argument benutzt, so steht er grundsätzlich nie in Anführungszeichen.


**DBANZAHL(Datenbank;*Feld*;Suchkriterien)**
liefert die Anzahl von Zahlen.

**DBANZAHL2(Datenbank;Feld;Suchkriterien)**
liefert die Anzahl von nicht leeren Feldern.

**DBMAX(Datenbank;*Feld*;Suchkriterien)**
liefert die größte Zahl.

**DBMIN(Datenbank;*Feld*;Suchkriterien)**
liefert die kleinste Zahl.

**DBMITTELWERT(Datenbank;*Feld*;Suchkriterien)**
liefert den Mittelwert der Zahlen.

**DBPRODUKT(Datenbank;*Feld*;Suchkriterien)**
liefert das Produkt der Zahlen.

**DBSTDAW(Datenbank;*Feld*;Suchkriterien)**
durch Schätzung ermittelte Standardabweichung einer Grundgesamtheit aufgrund einer Stichprobe.

**DBSTABW(Datenbank;*Feld*;Suchkriterien)**
liefert die tatsächliche Standardabweichung einer Grundgesamtheit.

**DBSUMME(Datenbank;*Feld*;Suchkriterien)**
liefert die Summe der Zahlen.

**DBVARIANZDatenbank;*Feld*;Suchkriterien)**
liefert die durch Schätzung ermittelte Varianz einer Grundgesamtheit aufgrund einer Stichprobe.

**DBVARIANZEN(Datenbank;*Feld*;Suchkriterien)**
liefert die tatsächliche Varianz einer Grundgesamtheit.


## 4.3.2  Datums-und Zeitfunktionen

Datums- und Zeitfunktionen wandeln entweder Werte oder Text in eine serielle Zahl um oder arbeiten umgekehrt. Die serielle Zahl bewegt sich zwischen 0 und 65380. Dies entspricht dem Datum vom 1.1.1900 bis 31.12.2078. Die Werte vor dem Komma betreffen die Jahres-, Monats- und Tagesangaben, die Nachkommastellen betreffen Stunden-, Minuten- und Sekundenwerte.

Serielle_Zahl 32: Jahr          = 00 oder 1900;
                   Monat        = 2 für Februar;
                   Tag          = 1 für erster Tag im Februar;
                   Wochentag    = 7 für Sonntag;
                   Gesamtdatum  = "1.2.1900";"01.02.1900";
                                  "1.Feb 1900"

Serielle_Zahl 0,04167:  Stunde = 1;

Serielle_Zahl 0,0007:   Minute = 1;

Serielle_Zahl 0,00001:  Sekunde = 1.


**DATUM(Jahr;Monat;Tag)**
wandelt das angegeben Datum in seine serielle Zahl um.


**DATWERT(Datumstext)**
wandelt den Datumstext in seine serielle Zahl um.


**JAHR(Serielle_Zahl)**
wandelt eine serielle Zahl in die entsprechende Jahresangabe um.


**JETZT( )**
wandelt Tagesdatum und Zeitangabe in eine serielle Zahl um.


**MINUTE(Serielle_Zahl)**
wandelt eine serielle Zahl in die entsprechende Minutenangabe um.


**MONAT(Serielle_Zahl)**
wandelt eine serielle Zahl in die entsprechende Monatsangabe um.


**SEKUNDE(Serielle_Zahl)**
wandelt eine serielle Zahl in die entsprechende Sekundenangabe um


**STUNDE(Serielle_Zahl)**
wandelt eine serielle Zahl in die entsprechende Stundenangabe um.


**TAG(Serielle_Zahl)**
wandelt eine serielle Zahl in die entsprechende Tagesangabe um.


**WOCHENTAG(Serielle_Zahl)**
wandelt eine serielle Zahl in den entsprechenden Wochentag um.


**ZEIT(Stunde;Minute;Sekunde)**
wandelt die Zeitangabe in eine serielle Zahl um.

**ZEITWERT(Zeittext)**
wandelt den Wert von Zeittext in eine serielle Zahl um.


### 4.3.3  Finanzmathematische Funktionen

Die finanzmathematischen Funktionen verwenden eine Reihe von
wiederkehrenden Argumenten:

*Bw* =              ist der Barwert oder der aktuelle Pauschalbetrag, auf
                    den sich regelmäßige Zahlungen beziehen.

*Dauer* =           die Nutzungsdauer oder die Anzahl der Zeiträume,
                    über die ein Anlageobjekt abgeschrieben wird.

*F* =               gibt die Fälligkeit von Zahlungen bezügl. eines Zeit-
                    raumes an:

                    0 oder ausgelassen = am Ende einer Periode;
                    1 = am Anfang einer Periode.

*Kosten* =          der Anschaffungspreis für ein Anlageobjekt.

*Rest* =            der Restwert eines Anlageobjektes am Ende der Ab-
                    schreibung.

*Rmz* =             die in jedem Zeitraum zu leistende regelmäßige Zah-
                    lung, die Kapital und Zinsen enthält.

*Schätzwert* =      ein Wert der MS-EXCEL bei Näherungsrechnungen
                    bei der Ergebnisermittlung helfen kann. Fehlt
                    Schätzwert, wird 0,1 oder 10 % angenommen.

*Zins* =            der Zinssatz für einen jeden Zeitraum, meist als Jah-
                    reszins geteilt durch 12 angegeben, wenn Zeitraum
                    die Einheit Monat hat.

*Zr* =              eine Zahl für einen Zeitraum, der die gleiche Einheit
                    wie Dauer haben muß; Jahre oder Monate.

*Zw* =              der zukünftige Wert oder das Barguthaben, das am
                    Ende der Zahlungen erreicht werden soll. Fehlt *Zw*,
                    wird 0 für den zukünftigen Wert eines Darlehens an-
                    genommen.

*Zzr* =             die Gesamtzahl der Zahlungszeiträume bei Jahres-
                    zahlungen, meist als Jahre multipliziert mit 12 für
                    monatliche Zeiträume angegeben.


**BW(Zins;Zzr;Rmz;*Zw;F*)**
liefert den Barwert einer Investition.


**DIA(Kosten;Rest;Dauer;Zr)**
liefert den Wert der digitalen Abschreibung eines Anlageobjektes.

**GDA(Kosten;Rest;Dauer;Zeitraum)**
liefert den Wert der geometrisch-degressiven Abschreibung eines
Anlageobjektes.

**IKV(Werte;*Schätzwert*)**
liefert den internen Kapitalverzinsungssatz der Werte.

**KAPZ(Zins;Zr;Zzr;Bw;*Zw;F*)**
liefert den Betrag der Zahlung auf das Kapital für eine Investition.

**LIA(Kosten;Rest;Dauer)**
liefert den Wert der linearen Abschreibung eines Anlageobjektes.

**NBW(Zins;Wert1;*Wert2*;...)**
liefert den Nettobarwert der Werte.

**QIKV(Werte;Investitionssatz;Reinvestitionssatz)**
liefert den qualifizierten internen Kapitalverzinsungssatz der Werte.

**RMZ(Zins;Zzr;Bw;*Zw;F*)**
liefert den Betrag der regelmäßigen Zahlungen für eine Investition.

**ZINS(Zzr;Rmz;Bw;*Zw;F;Schätzwert*)**
liefert den Zinssatz für eine Investition.

**ZINSZ(Zins;Zr;Zzr;Bw;*Zw;F*)**
liefert die Zinszahlung für eine Investition.

**ZW(Zins;Zr;Zzr;Bw;*Zw;F*)**
liefert den zukünftigen Wert einer Investition.

**ZZR(Zins;Rmz;Bw;*Zw;F*)**
liefert die Anzahl der Zahlungen für eine Investition.

## 4.3.4 Informationsfunktionen

**BEREICHE(Bezug)**
liefert die Anzahl der im Bezug enthaltenen Bereiche.

**FELD(Infotyp;*Bezug*)**
liefert die Informationen über Formatierung, Position oder Inhalt des
Bezugs.

**INDIREKT(Bezugs_Text;*Bezugstyp*)**
liefert den Inhalt des Feldes aus seinem Bezug.

**ISTBEZUG(Wert)**
WAHR, wenn Wert ein Bezug ist.

**ISTFEHL(Wert)**
WAHR, wenn Wert ein beliebiger Fehlerwert (außer #NV) ist.

**ISTFEHLER(Wert)**
WAHR, wenn Wert ein beliebiger Fehlerwert ist.

**ISTKTEXT(Wert)**
WAHR, wenn Wert kein Text ist.

**ISTLEER(Wert)**
WAHR, wenn Wert ein Leerwert ist.

**ISTLOG(Wert)**
WAHR, wenn Wert ein Wahrheitswert ist.

**ISTNV(Wert)**
WAHR, wenn Wert der Fehlerwert #NV ist.

**ISTTEXT(Wert)**
WAHR, wenn Wert ein Text ist.

**ISTZAHL(Wert)**
WAHR, wenn Wert eine Zahl ist.

**N(Wert)**
liefert den numerischen Wert des Feldes.

**NV( )**
liefert den Fehlerwert #NV.

**SPALTE(*Bezug*)**
liefert die in Bezug enthaltene Spaltennummer.

**SPALTEN(Matrix)**
liefert die Anzahl der in Matrix enthaltenen Spalten.

**T(Wert)**
liefert den Textwert des Feldes.

**TYP(Wert)**
liefert den Typ des Wertes.

**ZEILE(*Bezug*)**
liefert die Zeilennummer aus Bezug.

**ZEILEN(Matrix)**
liefert die Anzahl der Zeilen in Matrix.


## 4.3.5    Logische Funktionen

**FALSCH( )**
liefert den Wahrheitswert FALSCH.

**NICHT(Wahrheitswert)**
WAHR, wenn der Wahrheitswert FALSCH ist und umgekehrt.

**ODER(Wahrheitswert1;*Wahrheitswert2*;...)**
WAHR, wenn eines der Argumente WAHR ist.

**UND(Wahrheitswert1;*Wahrheitswert2*;...)**
WAHR, wenn jedes Argument WAHR ist.

**WAHR( )**
liefert den Wahrheitswert WAHR.

**WENN(Wahrheitsprüfung;Dann_Wert;*Sonst_Wert*)**
liefert den Dann_Wert, wenn Wahrheitsprüfung WAHR ergibt und
liefert den Sonst_Wert, wenn Wahrheitsprüfung FALSCH ergibt.


## 4.3.6    Matrixfunktionen

**MDET(Matrix)**
liefert die Determinante einer Matrix.

**MINV(Matrix)**
liefert die Inverse einer Matrix.

**MMULT(Matrix1;Matrix2)**
liefert das Produkt der beiden Matrizen.

**MTRANS(Matrix)**
liefert den transponierten Inhalt einer Matrix.

## 4.3.7    Mathematische Funktionen

**ABS(Zahl)**
liefert den absoluten Wert einer Zahl.

**EXP(Zahl)**
potenziert die Basis e mit der angegebenen Zahl.

**FAKULTÄT(Zahl)**
liefert die Fakultät einer Zahl.

**GANZZAHL(Zahl)**
liefert die nächstkleinere ganze Zahl von Zahl.

**KÜRZEN(Zahl)**
liefert den ganzzahligen Teil einer Zahl.

**LN(Zahl)**
liefert den natürlichen Logarithmus einer Zahl.

**LOG(Zahl;*Basis*)**
liefert den Logarithmus einer Zahl zur angegebenen Basis oder 10.

**LOG10(Zahl)**
liefert den Zehnerlogarithmus einer Zahl.

**PI( )**
liefert den Wert von PI.

**PRODUKT(Zahl1;*Zahl2*;...)**
liefert das Produkt der angegebenen Zahlen.

**REST(Zahl;Divisor)**
liefert den Rest, der bei der Division einer Zahl durch den Divisor
entsteht (Modulo).

**RUNDEN(Zahl;Anzahl_Stellen)**
rundet eine Zahl auf die durch Anzahl_Zeichen angegebenen Stellen.

**VORZEICHEN(Zahl)**
liefert eine Zahl für das Vorzeichen von *Zahl*.

**WURZEL(Zahl)**
liefert die Quadratwurzel einer Zahl.

**ZUFALLSZAHL( )**
liefert eine Zufallszahl zwischen 0 und 1.

## 4.3.8  Statistische Funktionen

**ANZAHL(Wert1;*Wert2*;...)**
liefert die Anzahl der angegebenen Zahlen in den Werten.

**ANZAHL2(Wert1;*Wert2*;...)**
liefert die Anzahl der Felder, die einen Wert enthalten.

**MAX(Zahl1;*Zahl2*;...)**
liefert die größte in den Zahlen enthaltene Zahl.

**MIN(Zahl1;*Zahl2*;...)**
liefert die kleinste in den Zahlen enthaltene Zahl.

**MITTELWERT(Zahl1;*Zahl2*;...)**
liefert den Mittelwert der Zahlen.

**RGP(Bekannte_y_Werte;*Bekannte_x_Werte)***
liefert die Parameter der Linearkurve nach der Gleichung
$y = m*x + b$.

**RKP(Bekannte_y_Werte;*Bekannte_x_Werte)***
liefert die Parameter der Exponentialkurve nach der Gleichung
$y = b*m^x$.

**STABW(Zahl1;*Zahl2*;...)**
liefert die Standardabweichung aus der Stichprobe einer Grundgesamtheit.

**STABWN(Zahl1;*Zahl2*;...)**
liefert die tatsächliche Standardabweichung einer vollständigen Grundgesamtheit.

**SUMME(Zahl1;*Zahl2*;...)**
liefert die Summe der Zahlen.

**TREND(Bekannte_y_Werte;*Bekannte_x_Werte;Neue_x_Werte)***
liefert die Werte der Linearkurve nach der Gleichung $y = m*x + b$.

**VARIANZ(Zahl1;*Zahl2*;...)**
liefert die Varianz aus der Stichprobe einer Grundgesamtheit.

**VARIANZEN(Zahl1;*Zahl2*;...)**
liefert die tatsächliche Varianz einer vollständigen Gundgesamtheit.

**VARIATION(Bekannte_y_Werte;***Bekannte_x_Werte;***
*Neue_x_Werte)*
liefert die Werte der Exponentialkurve nach der Gleichung
y=b*m^x.


### 4.3.9ˉ Suchfunktionen

**INDEX(Bezug;Zeile;Spalte;***Bereich***)**

**INDEX(Matrix;Zeile;Spalte)**
liefert einen Wert aus Bezug oder aus der Matrix entsprechend den
Zeilen- und Spaltenindices.

**SVERWEIS(Suchkriterium;Mehrfachoperationsmatrix;**
**Spaltenindex)**
liefert den Wert aus einer Mehrfachoperation entsprechend dem
Suchkriterium.

**VERGLEICH(Suchkriterium;Suchmatrix;***Vergleichstyp***)**
liefert die relative Position eines Wertes entsprechend dem Suchkriterium.

**VERWEIS(Suchkriterium;Suchbezug;Ergebnisbezug)**

**VERWEIS(Suchkriterium;Matrix)**
liefert den Wert aus einer Mehrfachoperation entsprechend dem
Suchkriterium.

**WAHL(Index;Wert1;***Wert2***;...)**
wählt mit Hilfe von Index einen Wert aus den angegebenen Werten
aus.

**WVERWEIS(Suchkriterium;Mehrfachoperationsmatrix;**
**Zeilenindex)**
liefert einen Wert aus einer Mehrfachoperation entsprechend dem
Suchkriterium.


### 4.3.10 Textfunktionen

**CODE(Text)**
liefert den ASCII-Code des ersten Zeichens im Text.

**DM(Zahl;***Dezimalstellen***)**
rundet die Zahl und gibt sie als Text im DM-Format aus.

**ERSETZEN(Alter_Text;Beginn;Anzahl_Zeichen;Neuer_Text)**
ersetzt die angegebene Anzahl Zeichen ab der genannten Position im
alten Text durch den neuen Text.

**FEST(Zahl;*Dezimalstellen*)**
gibt die gerundete Zahl im Festkommaformat als Text aus.

**FINDEN(Suchtext;Text;*Beginn*)**
sucht einen übereinstimmenden Text ab der Position Beginn in Text.

**GLÄTTEN(Text)**
löscht die überflüssigen Leerzeichen im Text.

**GROSS(Text)**
wandelt einen Text in Großbuchstaben um.

**GROSS2(Text)**
wandelt Anfangsbuchstaben im Text in Großbuchstaben um.

**IDENTISCH(Text1;Text2)**
prüft, ob zwei Texte Zeichen für Zeichen übereinstimmen.

**KLEIN(Text)**
wandelt einen Text in Kleinbuchstaben um.

**LÄNGE(Text)**
liefert die Anzahl der Zeichen eines Textes.

**LINKS(Text;*Anzahl_Zeichen*)**
entnimmt dem Text die am Anfang stehenden Zeichen in der Länge
von Anzahl_Zeichen.

**RECHTS(Text;*Anzahl_Zeichen*)**
entnimmt dem Text die am Ende stehenden Zeichen in der Länge
von Anzahl_Zeichen.

**SÄUBERN(Text)**
löscht alle Steuerzeichen aus dem Text.

**SUCHEN(Suchtext;Text;*Beginn*)**
sucht innerhalb eines Textes nach dem Suchtext ab der Position Beginn.

**TEIL(Text;Beginn;Anzahl_Zeichen)**
entnimmt dem Text eine Anzahl von Zeichen ab der Position Beginn.

**TEXT(Wert;Textformat)**
wandelt die Zahl in einen formatierten Textwert um.

**WECHSELN(Text;Alter_Text;Neuer_Text;*Häufigkeit_Zahl*)**
wechselt den alten Text gegen den neuen Text aus.

**WERT(Text)**
wandelt einen Text in eine Zahl um.

**WIEDERHOLEN(Text;Multiplikator)**
wiederholt einen Text so oft, wie durch *Multiplikator* angegeben.

**ZEICHEN(Zahl)**
liefert das der Zahl entsprechende ASCII-Zeichen.


## 4.3.11 Trigonometrische Funktionen

Die Werte für das Argument Winkel müssen immer im Bogenmaß angegeben werden. Ein Winkel in Grad wird durch die Multiplikation mit PI()/180 in Bogenmaß umgewandelt.

**ARCCOS(Zahl)**
liefert den Arkuskosinus einer Zahl.

**ARCSIN(Zahl)**
liefert den Arkussinus einer Zahl.

**ARCTAN(Zahl)**
liefert den Arkustangens einer Zahl.

**ARCTAN2(x_Koordinate;y_Koordinate)**
liefert den Arkustangens eines Punktes mit den Koordinaten x, y.

**COS(Winkel)**
liefert den Kosinus eines Winkels im Bogenmaß.

**SIN(Winkel)**
liefert den Sinus eines Winkels im Bogenmaß.

**TAN(Winkel)**
liefert den Tangens eines Winkels im Bogenmaß.

# 5 Funktionstasten und Tastencodes

## 5.1 Funktionstastenbelegung

| | | |
|---|---|---|
| **F1** | = | Hilfe; |
| **UMSCHALT+F1** | = | kontextsensitive Hilfe; |
| **ALT+F1** | = | Datei Neu (Diagramm); |
| **ALT+UMSCHALT+F1** | = | Datei Neu (Tabelle); |
| **ALT+STRG+F1** | = | Datei Neu (Makrovorlage) |
| | | |
| **F2** | = | Bearbeitungszeile aktivieren; |
| **UMSCHALT+F2** | = | Formel Notiz; |
| **STRG+F2** | = | Fenster Info zeigen; |
| **ALT+F2** | = | Datei Speichern unter; |
| **ALT+UMSCHALT+F2** | = | Datei Speichen; |
| **ALT+STRG+F2** | = | Datei Laden; |
| **ALT+STRG+SCHIFT+F2** | = | Datei Drucken; |
| | | |
| **F3** | = | Formel Namen einfügen; |
| **UMSCHALT+F3** | = | Formel Funktion einfügen; |
| **STRG+F3** | = | Formel Namen festlegen; |
| **STRG+UMSCHALT+F3** | = | Formel Namen übernehmen; |
| | | |
| **F4** | = | Formel Bezugsart ändern; |
| **STRG+F4** | = | System Schließen (Dateifenster); |
| **ALT+F4** | = | System Schließen (Anwendungsfenster); |
| | | |
| **F5** | = | Formel Gehe zu; |
| **UMSCHALT+F5** | = | Formel Suchen; |
| **STRG+F5** | = | System Wiederherstellen (Dateifenster); |
| **ALT+F5** | = | System Wiederherstellen (Anwendungsfenster); |

| | | |
|---|---|---|
| **F6** | = | nächstes Unterfenster aktivieren; |
| **UMSCHALT+F6** | = | vorhergehendes Unterfenster aktivieren; |
| **STRG+F6** | = | nächstes Dateifenster aktivieren; |
| **STRG+UMSCHALT+F6** | = | vorhergehendes Dateifenster aktivieren; |
| **F7** | = | Formel Suchen (nächstes Feld); |
| **UMSCHALT+F7** | = | Formel Suchen (vorhergehendes Feld); |
| **STRG+F7** | = | System Bewegen (Dateifenster); |
| **ALT+F7** | = | System Bewegen (Anwendungsfenster); |
| **F8** | = | schaltet den Verlängerungsmodus ein oder aus; |
| **UMSCHALT+F8** | = | schaltet den Hinzufügenmodus ein; |
| **STRG+F8** | = | System Größe ändern (Dateifenster); |
| **ALT+F8** | = | System Größe ändern (Anwendungsfenster); |
| **F9** | = | Optionen Neu berechnen; |
| **UMSCHALT+F9** | = | Optionen Datei berechnen; |
| **ALT+F9** | = | System Sinnbild (Anwendungsfenster); |
| **F10** | = | Menüleiste aktivieren; |
| **STRG+F10** | = | System Vollbild (Dateifenster); |
| **ALT+F10** | = | System Vollbild (Anwendungsfenster); |
| **F11** | = | Datei Neu (Diagramm); |
| **UMSCHALT+F11** | = | Datei Neu (Tabelle); |
| **STRG+F11** | = | Datei Neu (Makrovorlage); |

| **F12** | = | Datei Speichern unter; |
| **UMSCHALT + F12** | = | Datei Speichern; |
| **STRG + F12** | = | Datei Laden; |
| **TRG + UMSCHALT + F12** | = | Datei Drucken; |

Weitere Befehlsaufrufe mit Wahl bestimmter Optionen:

| **STRG + &** | = | Format Zahlenformat (Standard) |
| **STRG + °** | = | Format Zahlenformat ("0,00") |
| **STRG + !** | = | Format Zahlenformat ("hh:mm AM/PM") |
| **STRG + §** | = | Format Zahlenformat ("T.MMM.JJ") |
| **STRG + $** | = | Format Zahlenformat ("#.##0,00 DM;-#.##0,00 DM") |
| **STRG + %** | = | Format Zahlenformat (" % ") |
| **STRG + 0** | = | Format Zahlenformat (""0,00E + 00") |

| **STRG + 1** | = | Format Schriftart ("Schriftart 1") |
| **STRG + 2** | = | Format Schriftart ("Schriftart 2") |
| **STRG + 3** | = | Format Schriftart ("Schriftart 3") |
| **STRG + 4** | = | Format Schriftart ("Schriftart 4") |

| **STRG + ?** | = | Formel Inhalte auswählen ("Notizen") |
| **STRG + *** | = | Formel Inhalte auswählen ("Aktueller Bereich") |
| **STRG + /** | = | Formel Inhalte auswählen ("Aktuelle Matrix") |
| **STRG + (** | = | Formel Inhalte auswählen ("Zeilenunterschiede") |
| **STRG + )** | = | Formel Inhalte auswählen ("Spaltenunterschiede") |
| **STRG + 6** | = | Formel Inhalte auswählen ("Abhängige Felder - nur direkt") |
| **STRG + 7** | = | Formel Inhalte auswählen ("Abhängige Felder - alle Ebenen") |

| | | |
|---|---|---|
| **STRG+8** | = | Formel Inhalte auswählen ("Vorrangige Felder - nur direkt") |
| **STRG+9** | = | Formel Inhalte auswählen ("Vorrang.Felder-alle Ebenen") |
| **STRG+=** | = | Optionen Neu berechnen |
| **STRG+#** | = | Optionen Bildschirmanzeige ("Formeln") ein/aus |
| **ALT+RÜCK** | = | letzten Befehl rückgängig machen |
| **ALT+EINGABE** | = | letzten Befehl wiederholen |

## 5.2 Tastencodes

Um die Eingabe einer bestimmten Taste oder Tastenfolge in MS-EXCEL zu simulieren, müssen festgelegte Tastencodes verwendet werden. Diese können mit den Makrofunktionen BEI.TASTE( ) oder TASTENF.SENDEN( ) verwendet werden.

Eine einzelne Taste, die ein Zeichen wiedergeben soll, wird durch dieses Zeichen repräsentiert wie z.B. "a" oder "A". Tastenfolgen sind ebenfalls von Hochkommata eingeschlossen: "ABC".Tasten, die Funktionen auslösen, werden durch einen Code in geschweiften Klammern dargestellt, wie z.B {ESC} für die ESCAPE-Taste.Die Zeichen (+); (^) und (%) haben besondere Bedeutungen und müssen, wenn sie als einfaches Zeichen dargestellt werden sollen, in geschweiften Klammern stehen.

Tasten können auch gleichzeitig mit der UMSCHALT-, STRG- oder ALT-Taste gedrückt werden. Dabei wird UMSCHALT durch + ersetzt, STRG durch ^ und ALT durch %. Die weiteren Tasten stehen in einfachen Klammern. Die Tastenfolge ALT+ab wird simuliert durch "%(ab)".Die mehrfache Wiederholung von Tasten kann durch eine zusätzliche Zahl, die durch ein Leerzeichen vom Code getrennt wird, erreicht werden. Den Cursor 20 Leerzeichen nach rechts bewegen, wird erreicht durch: {RECHTS 20}.

**Die Tastenbezeichnung und ihre Codes:**

| | | |
|---|---|---|
| Bild-Nach oben-Taste | = | {BILDO} |
| Bild-Nach Unten-Taste | = | {BILDU} |
| Clear-Taste | = | {FREI} |
| Cursor-Links-Taste | = | {LINKS} |
| Cursor-Rechts-Taste | = | {RECHTS} |
| Cursor-Hoch-Taste | = | {OBEN} |

Cursor-Tief-Taste            = {UNTEN}
Druck-Taste                  = {DRUCK}
Einfügen-Taste               = {EINFG}
Eingabe-Taste                = {EINGABE} oder {EG}
Ende-Taste                   = {ENDE}
Entfernen-Taste              = {ENTF}
Escape-Taste                 = {ESC}
F1                           = {F1}
F2                           = {F2}
F3                           = {F3}
F4                           = {F4}
F5                           = {F5}
F6                           = {F6}
F7                           = {F7}
F8                           = {F8}
F9                           = {F9}
F10                          = {F10}
F11                          = {F11}
F12                          = {F12}
F13                          = {F13}
F14                          = {F14}
F15                          = {F15}
F16                          = {F16}
Hilfe-Taste                  = {HILFE}
Num-Feststelltaste           = {NUMFT}
Pos1-Taste                   = {POS1}
Rück-Taste                   = {RÜCK}
Tabulator-Taste              = {TAB}
Umschalt-Feststelltaste      = {UMSSCHALTFEST} oder
                               {USFT}
Unterbrechen-Taste/Pause     = {UNTBR}

# Microsoft Excel Schritt für Schritt

von Ralph Soucie

*Aus dem Amerikanischen von F. Heiß-Spateneder.*
*Ein Microsoft Press/Vieweg-Buch. 1990. Ca. 340 Seiten.*
*Kartoniert DM 78,—*
*ISBN 3-528-04782-8*

Dieses Buch ist die vielleicht einfachste und effizienteste Hilfe zum Erlernen von Microsoft Excel. Wie der Titel sagt, wird der Leser „Schritt für Schritt" an Excel herangeführt. Alle Vorgehensweisen werden anschaulich und übersichtlich präsentiert, so daß der Lernerfolg sichergestellt ist.

Zunächst wird die Arbeit mit der Tabellenkalkulation eingeübt – von der ersten Arbeitsblatterstellung bis hin zum Ausdruck von beliebigen Tabellen. Danach geht es um Charts, mit denen man Graphiken den Tabellen zuordnen kann. In einem nächsten Schritt wird der Einsatz von Datenbanken in Zusammenhang mit der Tabellenkalkulation beschrieben. Als letzten Schritt lernt der Leser, wie man sich bei Excel die Arbeit mit Hilfe sogenannter Makros erleichtern kann. Ein Buch, das es jedem Anfänger nicht nur leicht macht, sondern den Leser auch wirklich ans Ziel führt. Kein Wunder – ein Original Microsoft Press-Buch in der sorgfältigen deutschen Bearbeitung durch den Verlag Vieweg. Ein Microsoft Press/Vieweg-Buch.

*Ralph Soucie* hat im Finanzwesen verschiedener Firmen gearbeitet. Als Spezialist für Tabellenkalkulation schreibt Soucie z. B. für die Zeitschrift PC World.

Vieweg Verlag   Postfach 58 29 · D-6200 Wiesbaden 1